День 01 알파벳 ❶

MP3-01

1단계 | Дата:

학습목표: 러시아어 알파벳은 모음 10개, 자음 21개, 부호 2개로 총 33개의 문자로 이루어져 있습니다. 오늘은 그중 а부터 й까지 11개의 알파벳을 학습하겠습니다.

* 러시아어 필기체는 쓰는 사람의 습관에 따라 조금씩 필체의 차이가 있습니다. 본 교재에서는 원어민들이 현지에서 가장 많이 쓰는 글씨 모양을 반영하여 인나 안토노바 원어민 선생님의 친필 손글씨로 수록하였습니다.

1. 오늘의 학습 내용

Заметки
강의를 듣고 메모해 보세요.

명칭 [발음]	인쇄체	필기체	명칭 [발음]	인쇄체	필기체
아 [ㅏ]	А а	*Аа*	에르 [ㄹ]	Р р	*Рр*
베 [ㅂ]	Б б	*Бб*	에쓰 [ㅆ]	С с	*Сс*
v베 [vㅂ]	В в	*Вв*	떼 [ㄸ]	Т т	*Тт*
게 [ㄱ]	Г г	*Гг*	우 [ㅜ]	У у	*Уу*
데 [ㄷ]	Д д	*Дд*	에프 [fㅍ]	Ф ф	*Фф*
예 [ㅖ]	Е е	*Ее*	하 [ㅎ]	Х х	*Хх*
요 [ㅛ]	Ё ё	*Ёё*	쩨 [ㅉ]	Ц ц	*Цц*
줴 [ㅈ]	Ж ж	*Жж*	체 [ㅊ]	Ч ч	*Чч*
제 [zㅈ]	З з	*Зз*	샤 [ㅅ]	Ш ш	*Шш*
이 [ㅣ]	И и	*Ии*	쌰 [ㅅ]	Щ щ	*Щщ*
이 끄랏트까예 [ㅣ를 짧게]	Й й	*Йй*	경음 부호 [음가 없음]	Ъ ъ	*ъ*
까 [ㄲ]	К к	*Кк*	의 [ㅢ]	Ы ы	*ы*
엘 [ㄹ]	Л л	*Лл*	연음 부호 [음가 없음]	Ь ь	*ь*
엠 [ㅁ]	М м	*Мм*	에 [ㅔ]	Э э	*Ээ*
엔 [ㄴ]	Н н	*Нн*	유 [ㅠ]	Ю ю	*Юю*
오 [ㅗ]	О о	*Оо*	야 [ㅑ]	Я я	*Яя*
뻬 [ㅃ]	П п	*Пп*			

러시아어 알파벳은 인쇄체와 필기체로 나뉩니다. 책, 신문 등의 인쇄물은 인쇄체로 쓰지만 러시아에서는 아직도 공식 문서를 필기체로도 쓰기 때문에 필기체도 꼭 익혀 두어야 합니다. 알파벳과 해당하는 단어의 필기체를 따라 쓰며 공부해 볼까요?

2 러시아어 필기체 따라쓰기

아래 필기체를 써 보세요.

А а	ㅏ [ㅏ]

Арбу́з 수박

Аа Аа Аа Аа Аа Аа

Арбуз

арбуз

Б б	베 [ㅂ]

Банк 은행

Бб Бб Бб Бб Бб Бб

Банк

банк

В в	v베 [vㅂ]

Ва́за 꽃병

Вв Вв Вв Вв Вв Вв

ваза

ваза

День 01 | 2

| **Г г** | ге [ㄱ] | Газе́та 신문 |

Гг *Гг Гг Гг Гг Гг*

Газета

газета

| **Д д** | де [ㄷ] | Дом 집 |

Дд *Дд Дд Дд Дд Дд*

Дом

дом

| **Е е** | е [ㅖ] | Еда́ 음식 |

Ее *Ее Ее Ее Ее Ее*

Еда

еда

| **Ё ё** | ё [ㅛ] | Ёж 고슴도치 |

Ёё *Ёё Ёё Ёё Ёё Ёё*

Ёж

ёж

Ж ж	줴 [ㅈ]

Жара́ 더위

Жж *Жж Жж Жж Жж Жж*

Жара

жара

З з	제 [z ㅈ]

Зонт 우산

Зз *Зз Зз Зз Зз Зз*

Зонт

зонт

И и	이 [ㅣ]

Игра́ 게임

Ии *Ии Ии Ии Ии Ии*

Игра

игра

Й й	이 끄랏트까예 [ㅣ를 짧게]

Йо́га 요가

Йй *Йй Йй Йй Йй Йй*

Йога

йога

День 02 — 알파벳 ❷

1단계 Дата:

러시아어 알파벳은 모음 10개, 자음 21개, 부호 2개로 총 33개의 문자로 이루어져 있습니다. 오늘은 지난 시간에 이어 к부터 ф까지 11개의 알파벳을 학습하겠습니다.

1. 오늘의 학습 내용

Заметки — 강의를 듣고 메모해 보세요.

명칭 [발음]	인쇄체	필기체	명칭 [발음]	인쇄체	필기체
아 [ㅏ]	А а	𝒜 𝒶	에르 [ㄹ]	Р р	𝒫 𝓅
베 [ㅂ]	Б б	Б б	에쓰 [ㅆ]	С с	𝒞 𝒸
v베 [vㅂ]	В в	В в	떼 [ㄸ]	Т т	𝒯 𝓂
게 [ㄱ]	Г г	𝒢 𝓰	우 [ㅜ]	У у	𝒰 𝓎
데 [ㄷ]	Д д	𝒟 𝒹	에f프 [fㅍ]	Ф ф	Ф ф
예 [ㅖ]	Е е	Е е	하 [ㅎ]	Х х	𝒳 𝓍
요 [ㅛ]	Ё ё	Ё ё	쩨 [ㅉ]	Ц ц	Ц ц
줴 [ㅈ]	Ж ж	Ж ж	체 [ㅊ]	Ч ч	Ч ч
제 [zㅈ]	З з	З з	샤 [ㅅ]	Ш ш	Ш ш
이 [ㅣ]	И и	И и	쨔 [ㅅ]	Щ щ	Щ щ
이 끄랏트까예 [ㅣ를 짧게]	Й й	Й й	경음 부호 [음가 없음]	ъ	ъ
까 [ㄲ]	К к	К к	의 [ㅢ]	ы	ы
엘 [ㄹ]	Л л	Л л	연음 부호 [음가 없음]	ь	ь
엠 [ㅁ]	М м	М м	에 [ㅔ]	Э э	Э э
엔 [ㄴ]	Н н	Н н	유 [ㅠ]	Ю ю	Ю ю
오 [ㅗ]	О о	О о	야 [ㅑ]	Я я	Я я
뻬 [ㅃ]	П п	П п			

러시아어 알파벳은 인쇄체와 필기체로 나뉩니다. 책, 신문 등의 인쇄물은 인쇄체로 쓰지만 러시아에서는 아직도 공식 문서를 필기체로도 쓰기 때문에 필기체로도 꼭 익혀 두어야 합니다. 알파벳과 해당하는 단어의 필기체를 따라 쓰며 공부해 볼까요?

2 러시아어 필기체 따라쓰기

아래 필기체를 써 보세요.

| К к | 까 [ㄲ] |

Коре́я 한국

Корея
Корея

| Л л | 엘 [ㄹ] |

Ла́мпа 램프

лампа
лампа

| М м | 엠 [ㅁ] |

Ма́ма 엄마

мама
мама

| **Н н** | эн [ㄴ] | Не́бо 하늘 |

| **О о** | 오 [ㅗ] | О́зеро 호수 |

| **П п** | 뻬 [ㅃ] | Па́па 아빠 |

| **Р р** | 에르 [ㄹ] | Рис 쌀 |

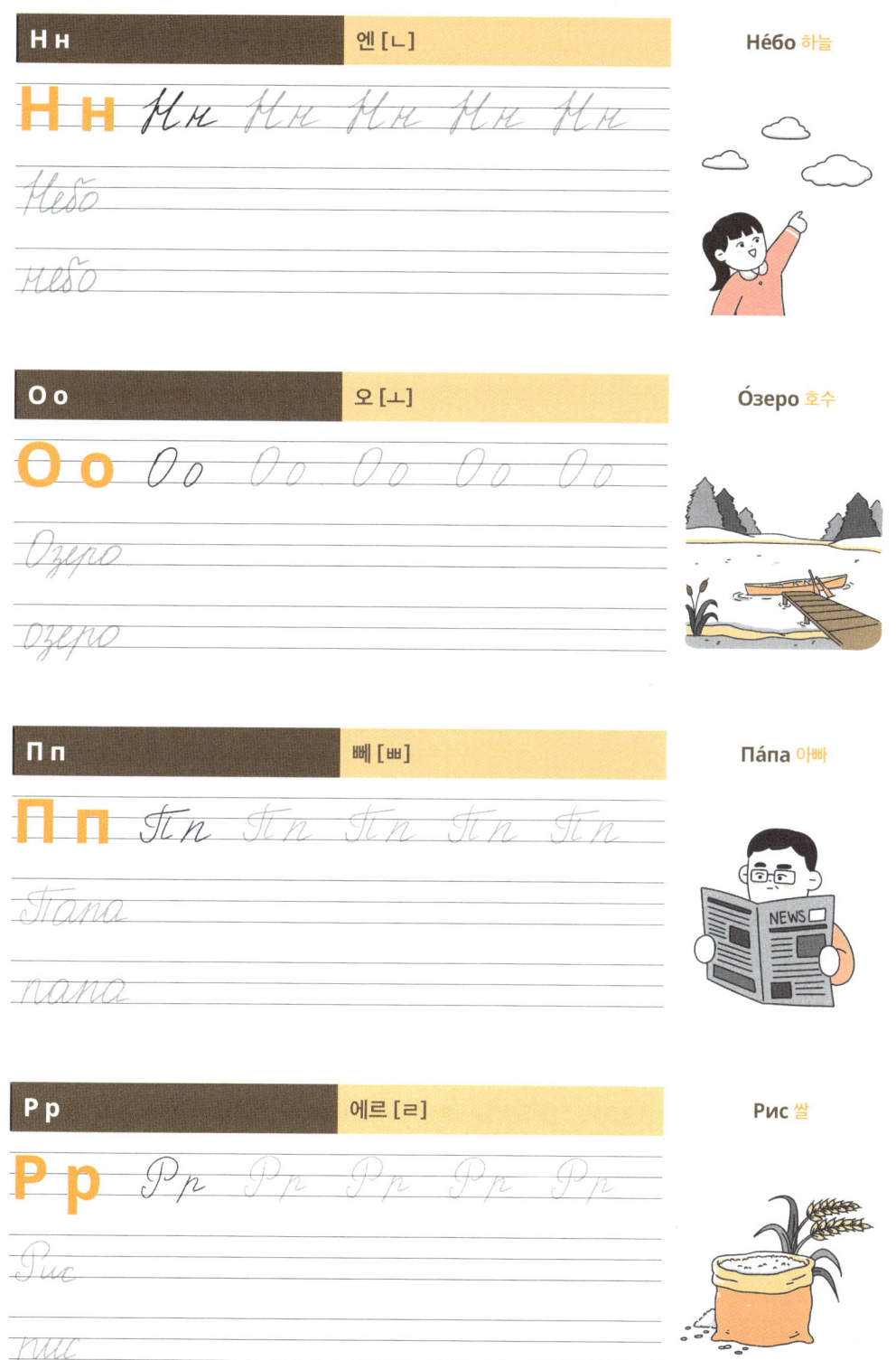

| С с | 에쓰 [ㅆ] |

Стол 책상

Сс *Сс Сс Сс Сс Сс*

Стол

стол

| Т т | 떼 [ㄸ] |

Торт 케이크

Тт *Тт Тт Тт Тт Тт*

Торт

торт

| У у | 우 [ㅜ] |

Ýтка 오리

Уу *Уу Уу Уу Уу Уу*

Утка

утка

| Ф ф | 에f프 [fㅍ] |

Фи́рма 회사

Фф *Фф Фф Фф Фф Фф*

Фирма

фирма

День 02 | 4

День 03 알파벳 ❸

1단계 Дата: .   .

러시아어 알파벳은 모음 10개, 자음 21개, 부호 2개로 총 33개의 문자로 이루어져 있습니다. 오늘은 지난 시간에 이어 х부터 я까지 11개의 알파벳을 학습하겠습니다.

학습목표

1 오늘의 학습 내용

Заметки
강의를 듣고 메모해 보세요.

명칭 [발음]	인쇄체	필기체	명칭 [발음]	인쇄체	필기체
아 [ㅏ]	А а	*Аа*	에르 [ㄹ]	Р р	*Рр*
베 [ㅂ]	Б б	*Бб*	에쓰 [ㅆ]	С с	*Сс*
v베 [vㅂ]	В в	*Вв*	떼 [ㄸ]	Т т	*Тт*
게 [ㄱ]	Г г	*Гг*	우 [ㅜ]	У у	*Уу*
데 [ㄷ]	Д д	*Дд*	에f프 [fㅍ]	Ф ф	*Фф*
예 [ㅖ]	Е е	*Ее*	하 [ㅎ]	Х х	*Хх*
요 [ㅛ]	Ё ё	*Ёё*	쩨 [ㅉ]	Ц ц	*Цц*
줴 [ㅈ]	Ж ж	*Жж*	체 [ㅊ]	Ч ч	*Чч*
제 [zㅈ]	З з	*Зз*	샤 [ㅅ]	Ш ш	*Шш*
이 [ㅣ]	И и	*Ии*	쌰 [ㅅ]	Щ щ	*Щщ*
이 끄랏트까예 [ㅣ를 짧게]	Й й	*Йй*	경음 부호 [음가 없음]	ъ	*ъ*
까 [ㄲ]	К к	*Кк*	의 [ㅡ]	ы	*ы*
엘 [ㄹ]	Л л	*Лл*	연음 부호 [음가 없음]	ь	*ь*
엠 [ㅁ]	М м	*Мм*	에 [ㅔ]	Э э	*Ээ*
엔 [ㄴ]	Н н	*Нн*	유 [ㅠ]	Ю ю	*Юю*
오 [ㅗ]	О о	*Оо*	야 [ㅑ]	Я я	*Яя*
뻬 [ㅃ]	П п	*Пп*			

День 03 | 1

러시아어 알파벳은 인쇄체와 필기체로 나뉩니다. 책, 신문 등의 인쇄물은 인쇄체로 쓰지만 러시아에서는 아직도 공식 문서를 필기체로도 쓰기 때문에 필기체도 꼭 익혀 두어야 합니다. 알파벳과 해당하는 단어의 필기체를 따라 쓰며 공부해 볼까요?

 러시아어 필기체 따라쓰기

아래 필기체를 써 보세요.

X x	하 [ㅎ]

Хлеб 빵

Ц ц	쩨 [ㅉ]

Царь 차르(왕)

Ч ч	체 [ㅊ]

Ча́йка 갈매기

Ш ш	ша [시]

Шоколад 초콜릿

Шоколад
шоколад

Щ щ	ща [시]

Щётка 솔

Щётка
щётка

ъ	경음 부호 [음가 없음]

Отъезд 출발

Отъезд
отъезд

ы	의 [ㅢ]

Сыр 치즈

Сыр
сыр

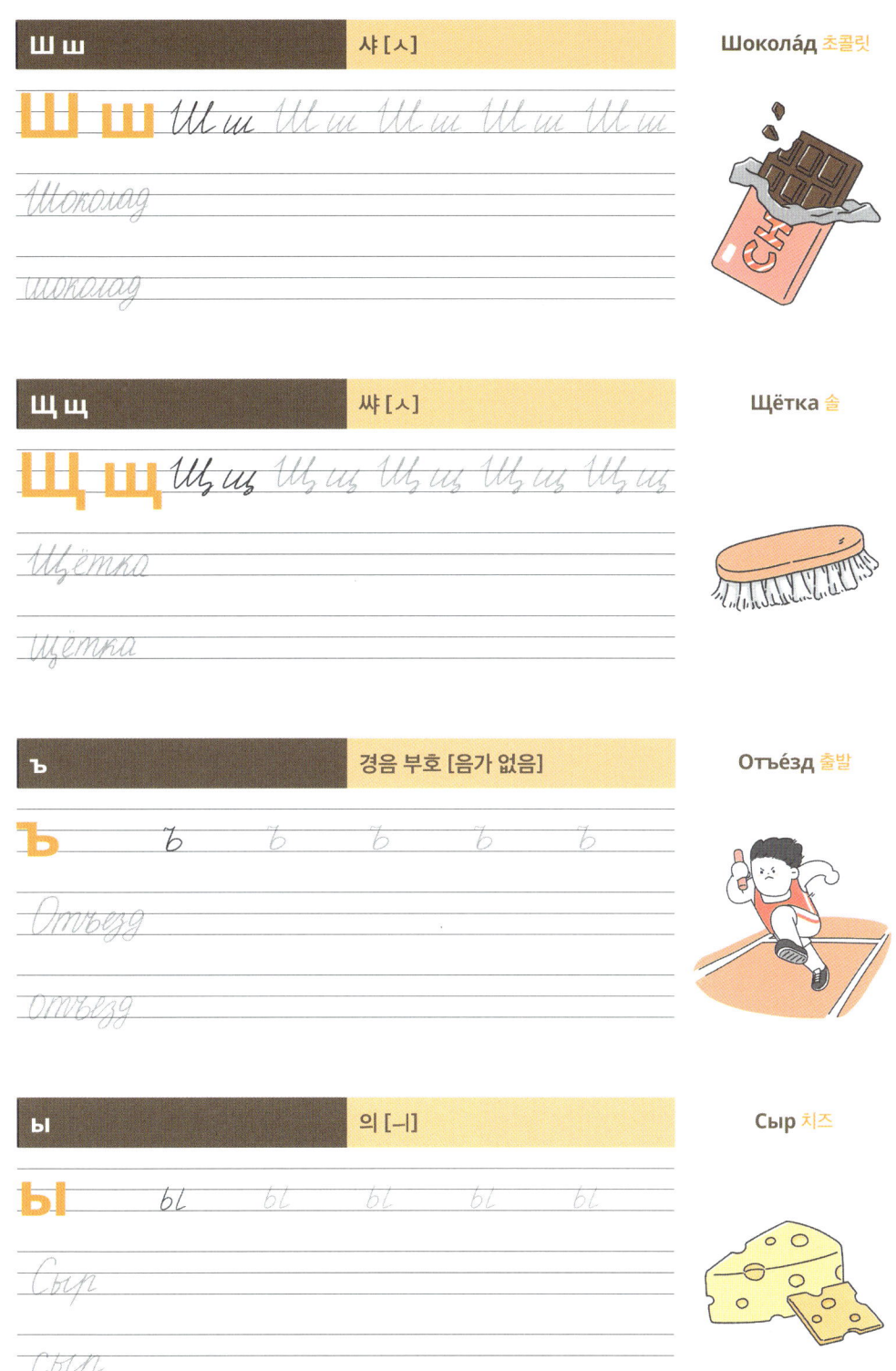

| ь | 연음 부호 [음가 없음] |

ь ь ь ь ь ь

Семья

смья

Семья 가족

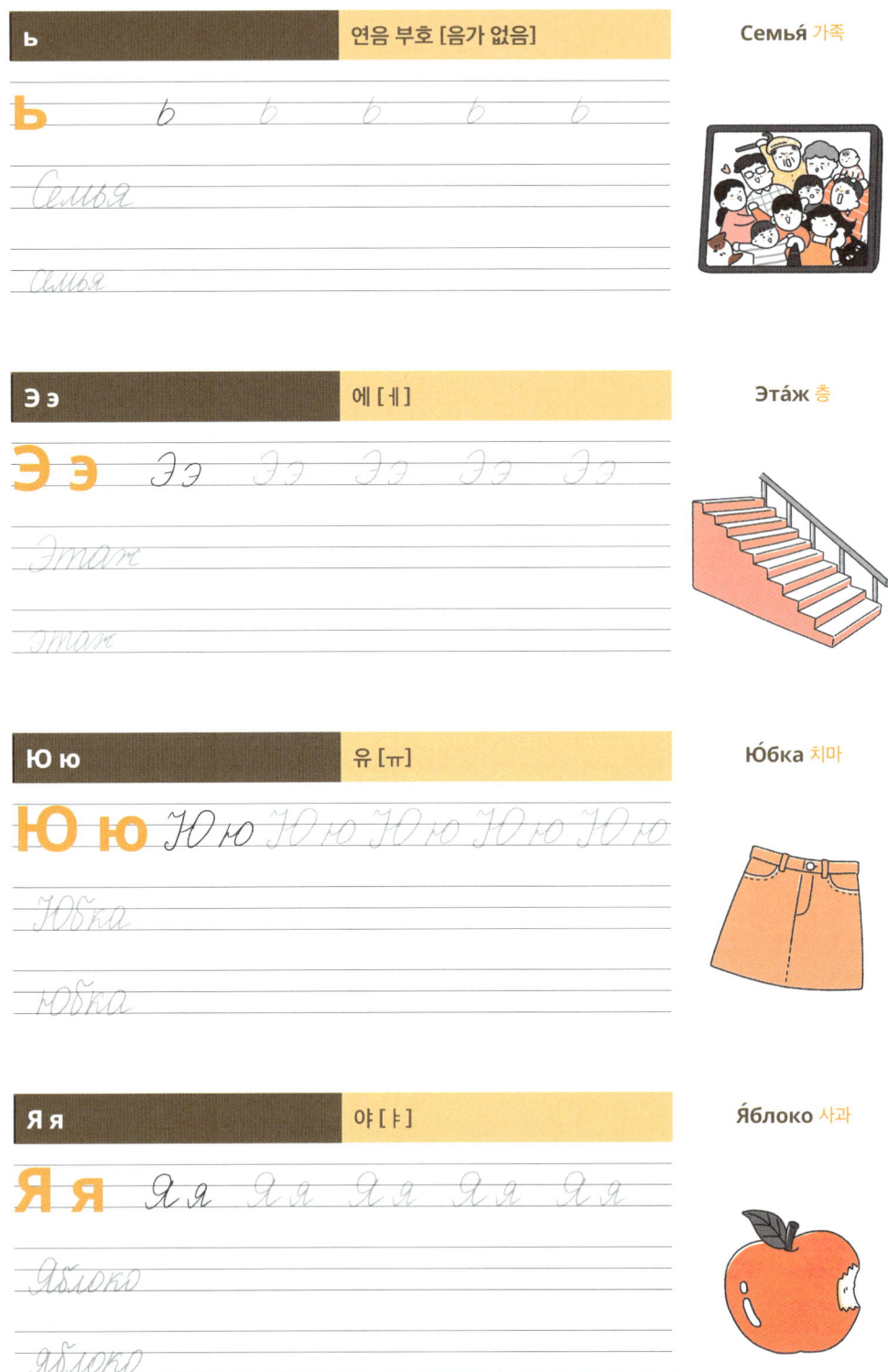

| Э э | 에 [ㅔ] |

Ээ Ээ Ээ Ээ Ээ Ээ

Этаж

этаж

Этаж 층

| Ю ю | 유 [ㅠ] |

Юю Юю Юю Юю Юю Юю

Юбка

юбка

Юбка 치마

| Я я | 야 [ㅑ] |

Яя Яя Яя Яя Яя Яя

Яблоко

яблоко

Яблоко 사과

День 04 발음 규칙

1단계 Дата:

오늘은 러시아어의 발음 규칙을 학습하겠습니다.

1 오늘의 도전 단어

오늘의 도전 단어를 듣고 따라해 보세요.

치아	зуб
버스	автóбус
기차역	вокзáл
축구	футбóл

Заметки
강의를 듣고 메모해 보세요.

2 오늘의 학습 내용

러시아어에는 유성음과 무성음이 존재합니다. 유성음은 성대가 떨리면서 나는 음이고 무성음은 성대가 진동하지 않고 나는 소리입니다. 발음 규칙을 공부하기 위해 대응하는 유·무성음의 쌍을 알아봅시다.

유성음	б	в	г	д	ж	з
무성음	п	ф	к	т	ш	с

1) 어말 무성음화

단어의 맨 끝에 유성음이 오면 그 유성음과 쌍을 이루는 무성음으로 발음합니다.

치아	зуб → [зуп]
깃발	флаг → [флак]
해, 년	год → [гот]

2) 무성음화

단어 내 자음 순서가 유성음+무성음일 경우 앞의 유성음이 뒤의 무성음의 영향을 받아 무성음으로 발음합니다.

버스	автóбус → [афтобус]
보드카	вóдка → [вотка]
숟가락	лóжка → [лошка]

3) 유성음화

단어 내 자음 순서가 무성음+유성음일 경우 앞의 무성음이 뒤의 유성음의 영향을 받아 유성음으로 발음합니다.

기차역	вокзáл → [вагзал]
축구	футбóл → [фудбол]
잔돈	сдáча → [здача]

▪ 예외 사항

무성음 앞에 있는 유성음 в는 무성음화되지만, 무성음 뒤에 위치하는 경우 앞에 있는 무성음을 유성음화하지 않습니다.

모스크바	Москвá → [масква]
자유	свобóда → [свабода]

강의를 듣고 메모해 보세요.

Упражнения 연습 문제

1 다음 빈칸을 채워 보세요.

유성음	б	②	③	д	ж	⑥
무성음	①	ф	к	④	⑤	с

2 다음 중 밑줄 친 알파벳의 발음이 다른 하나는?

1. хле<u>б</u>
2. <u>п</u>áпа
3. арá<u>б</u>
4. <u>б</u>áбушка

3 다음 중 밑줄 친 알파벳의 발음이 다른 하나는?

1. но<u>ж</u>
2. ло́<u>ж</u>ка
3. <u>ж</u>енá
4. му<u>ж</u>

4 다음 중 발음 규칙이 다른 하나는?

1. оши́бка
2. всегдá
3. ю́бка
4. рюкзáк

5 다음 중 밑줄 친 알파벳이 어떻게 발음되는지 써 보세요.

1. Пари́<u>ж</u> → [   ]
2. дру<u>г</u> → [   ]
3. с<u>б</u>ор → [   ]
4. бли́<u>з</u>ко → [   ]
5. са<u>д</u> → [   ]
6. ле<u>в</u> → [   ]
7. клу<u>б</u> → [   ]

8. гла_з_ → [   ]

9. в_т_о́рник → [   ]

10. ги_д_ → [   ]

6 다음 밑줄 친 부분을 알맞게 채워 보세요.

1. 어말 무성음화   단어의 마지막 철자가 _____ → _____

2. 무성음화   _____ + 무성음 → _____ + _____

3. 유성음화   _____ + 유성음 → _____ + _____

7 오늘 배운 발음 규칙을 떠올리며 다음 단어를 읽어 보세요.

민족	наро́д
성	род
눈	снег
동맹, 접속사	сою́з
대화	диало́г
드물게	ре́дко
짐	бага́ж
내일	за́втра
맛, 취향	вкус
배낭	рюкза́к

정답
1 п, в, г, т, ш, з
2 4. ба́бушка
3 3. жена́
4 4. рюкза́к
5 ш, к, з, с, т, ф, п, с, ф, т
6 유성음, 무성음 / 유성음, 무성음+무성음 / 무성음, 유성음+유성음

День 05 · 강세 규칙, 인칭 대명사

🔊 MP3-05

1단계 Дата:

오늘은 러시아어의 강세 규칙과 인칭 대명사를 학습하겠습니다.

1. 오늘의 도전 단어

오늘의 도전 단어를 듣고 따라해 보세요.

우유	молоко́
이것(들), 이 사람(들)	э́то
좋게(좋다)	хорошо́
그들	они́

2. 오늘의 학습 내용

러시아어의 모든 단어에는 강세가 존재합니다. 강세는 항상 모음에 오는데, 강세가 있는 모음의 경우 상대적으로 길고 분명하게 발음하지만 그렇지 않은 모음은 약화시켜 발음합니다. 강세 규칙을 지키지 않을 경우 의미 전달이 확실하게 되지 않기 때문에 꼭 유의해서 발음해야 합니다. 1음절로 이루어진 단어는 모음이 1개이며 그 모음에 강세가 오기 때문에 강세를 따로 표시하지 않습니다. 2음절 이상의 단어는 꼭 강세와 함께 기억하세요!

а	э	ы	о	у
я	е	и	ё	ю

예시

엄마	ма́ма
거리	у́лица
고슴도치	ёж

모음 о, е, я는 강세가 없을 경우 모음이 약화되어 원래의 소리가 아닌 다른 소리로 발음합니다.

모음 о

강세 있는 о는 [о]로 발음	강세 없는 о는 [а]로 발음
зонт [зонт]	окно́ [акно]

📝 **Заметки**

강의를 듣고 메모해 보세요.

★ 러시아어에는 10개의 모음이 있습니다. 그중 모음 ё에는 항상 강세가 위치합니다.

모음 e

강세 있는 e는 [e]로 발음	강세 없는 e는 [и]로 발음
хлеб [хлеп]	сестра́ [систра]

모음 я

강세 있는 я는 [я]로 발음	강세 없는 я는 [и]로 발음
я́блоко [я́блака]	язы́к [изык]

д 뒤에 я, е, и, ё, ю, ь가 오면 [ㄷ]보다 [ㅈ]에 가까운 소리가 납니다. т 역시 뒤에 я, е, и, ё, ю, ь가 오면 [ㄸ]보다 [ㅉ]에 가까운 소리가 납니다.

어디에	где
삼촌, 아저씨	дя́дя
이모, 숙모	тётя
호랑이	тигр

인칭 대명사의 원형(주격) 형태를 살펴보겠습니다. 문장에서 역할에 따라 격 변화를 하기 때문에 원형을 꼭 익혀 두어야 합니다.

나	я
너	ты
그 / 그녀	он / она́
우리	мы
너희 / 당신	вы
그들	они́

Заметки

강의를 듣고 메모해 보세요.

★ 강세 뒤에 있는 е는 발음 변화 없이 그대로 발음합니다.

★ 강세 뒤에 있는 я는 발음 변화 없이 그대로 발음합니다.

★ 학습의 편의를 위해 강세 없는 е와 я는 и로 발음한다고 표기하였으나 완벽한 и 소리가 아니라 йи에 가까운 소리입니다. 선생님의 발음을 주의해서 들어 보세요!

Упражнения 연습 문제

1 다음 중 밑줄 친 알파벳의 발음이 다른 하나는?

1. окно
2. молоко
3. вино
4. дочь

2 다음 중 밑줄 친 알파벳의 발음이 다른 하나는?

1. Япония
2. язык
3. ярмарка
4. январь

3 다음 중 밑줄 친 알파벳의 발음이 다른 하나는?

1. центр
2. время
3. Корея
4. сегодня

4 다음 중 밑줄 친 알파벳의 발음이 다른 하나는?

1. там
2. телефóн
3. тудá
4. тóже

5 한글에 맞게 러시아어로 인칭 대명사를 채워 보세요.

나	
너	
그 / 그녀	
우리	
너희 / 당신	
그들	

6 오늘 배운 강세 규칙을 떠올리며 다음 단어를 읽어 보세요.

가족	семья́
집	дом
모스크바	Москва́
개	соба́ка
날씨	пого́да
러시아	Росси́я
언어	язы́к
사전	слова́рь
1월	янва́рь
서울	Сеу́л

정답
1. 1. окно́
2. 3. я́рмарка
3. 4. сего́дня
4. 2. телефо́н
5. я / ты / он/она́ / мы / вы / они́

День 06 이것은 무엇입니까?

1단계 Дата: .   .

학습목표 오늘은 단어 э́то를 이용한 긍정 평서문과 부정 평서문, 의문문에 대해 학습하겠습니다.

1 오늘의 도전 문장

오늘의 도전 문장을 듣고 따라해 보세요.

| 이것은 무엇입니까? | Что э́то? |
| 이것은 책상입니다. | Э́то стол. |

2 오늘의 학습 내용

러시아어는 '이것', '책상' 두 단어만으로도 문장을 만들 수 있습니다. '~(이)다, ~에 있다'에 해당하는 현재형 be 동사가 없기 때문인데요. 단어 나열만으로도 문장을 만들 수 있으니 정말 간단하죠? 단, 과거형, 미래형은 be 동사가 존재하니 이 점은 유의해야 합니다. 함께 다양한 단어를 통해 간단한 문장을 만들어 볼까요?

이것, 이 사람, 이것들, 이 사람들	Э́то
이것은 책상입니다.	Э́то стол.
이것은 의자입니다.	Э́то стул.
이 사람은 빅토르입니다.	Э́то Ви́ктор.
이 사람은 마샤입니다.	Э́то Ма́ша.
이것들은 책상과 의자입니다.	Э́то стол и стул.
이 사람들은 빅토르와 마샤입니다.	Э́то Ви́ктор и Ма́ша.

의문사가 없는 의문문은 평서문과 어순이 동일합니다. 이때 질문에서 가장 강조하고 싶은 단어의 강세를 올려서 발음하면 됩니다.

| 이것은 책상입니까? | Э́то стол? |
| 이 사람은 마샤입니까? | Э́то Ма́ша? |

Заметки

강의를 듣고 메모해 보세요.

★ 지시대명사 э́то는 사물, 사람, 단수, 복수 구분 없이 사용할 수 있습니다.

★ 문장의 맨 앞에 오는 단어나 사람의 이름, 국가명 등 고유명사는 첫 글자를 대문자로 씁니다.
★ '~와(과), 그리고' 등을 뜻하는 접속사 и는 단어를 연결할 때 사용할 수 있습니다.

의문사가 있는 의문문에서 의문사는 문장의 제일 앞에 옵니다. 이 경우 의문사가 문장의 핵심이기 때문에 의문사의 강세를 올려서 강하게 발음해야 합니다.

무엇	Что

예문

이것은 무엇입니까?	Что это?

네	Да
아니요	Нет

예문

이것은 책상입니까?	Это стол?
네, 이것은 책상입니다.	Да, это стол.
아니요, 이것은 책상이 아닙니다.	Нет, это не стол.
이것은 무엇입니까?	Что это?
이것은 의자입니다.	Это стул.

Заметки

강의를 듣고 메모해 보세요.

★ 부정문을 만들 때는 부정하고자 하는 단어 앞에 부정 소사 не를 붙입니다. 단독으로 '아니요'라는 부정 대답을 할 때는 не가 아니라 нет을 써야 합니다.

Упражнения 연습 문제

1 다음 보기와 단어를 활용하여 문장을 완성해 보세요.

> **보기**
> 이것은 **책상**입니다. Это стол.
>
> **단어**
> 책 кни́га   공책 тетра́дь   사전 слова́рь   엄마 ма́ма   아빠 па́па   선생님 учи́тель   ~와(과) и

이것은 책입니다.
_____

이것은 공책입니다.
_____

이것은 사전입니다.
_____

이 사람은 엄마입니다.
_____

이 사람은 아빠입니다.
_____

이 사람은 선생님입니다.
_____

이것들은 책과 공책입니다.
_____

이 사람들은 엄마와 아빠입니다.
_____

2 다음 한글 뜻을 보고 문장을 완성해 보세요.

이것은 교과서입니까?　　　　　　　　　　　　　　　　　　　★ 교과서 учébник

_____

네, 이것은 교과서입니다.

_____

아니요, 이것은 교과서가 아닙니다.

_____

이것은 책입니다.

_____

이것은 무엇입니까?

_____

이것은 공책입니다.

_____

이것은 사전입니까?

_____

네, 이것은 사전입니다.

_____

아니요, 이것은 사전이 아닙니다.

_____

정답
1. Это кни́га. / Это тетра́дь. / Это слова́рь. / Это ма́ма. / Это па́па. / Это учи́тель. / Это кни́га и тетра́дь. / Это ма́ма и па́па.
2. Это учéбник? / Да, это учéбник. / Нет, это не учéбник. / Это кни́га. / Что это? / Это тетра́дь. / Это слова́рь? / Да, это слова́рь. / Нет, это не слова́рь.

День 07  러시아어 명사의 성 구분

1단계 Дата:

학습목표 오늘은 러시아어 명사의 성에 대해 알아보겠습니다.

1. 오늘의 도전 단어

오늘의 도전 단어를 듣고 따라해 보세요.

책상	стол
꽃병	ва́за
와인	вино́

Заметки

강의를 듣고 메모해 보세요.

2. 오늘의 학습 내용

러시아어 명사는 남성, 여성, 중성 3개의 성으로 구분합니다. 어미를 통해 명사의 성을 파악할 수 있으며 이 성 구분은 생물학적 성별과는 관계없는 문법적인 규칙입니다. 명사의 성을 알고 있어야 각 문법에 알맞은 격 변화를 할 수 있습니다. 그럼 각 성의 어미를 알아볼까요?

남성		
-자음	-й	-ь
стол 책상	музе́й 박물관	слова́рь 사전
студе́нт 대학생	чай (마시는) 차	учи́тель 선생님

예문

이것은 책상입니다.	Э́то стол.
이 사람은 선생님입니다.	Э́то учи́тель.

★ 연음 부호 ь로 끝나는 명사는 남성, 여성을 구분하는 특별한 규칙이 없기 때문에 단어를 외울 때 성을 꼭 함께 암기해야 합니다.

여성

-а	-я	-ь
ма́ма 엄마	Коре́я 한국	дочь 딸
Москва́ 모스크바	А́зия 아시아	пло́щадь 광장

예문

이 사람은 엄마입니다.	Э́то ма́ма.
이것은 러시아입니다.	Э́то Росси́я.

중성

-о	-е	-мя
окно́ 창문	мо́ре 바다	и́мя 이름
мя́со 고기	зда́ние 건물	вре́мя 시간

예문

이것은 바다입니다.	Э́то мо́ре.
이것은 창문입니다.	Э́то окно́.

Заметки

강의를 듣고 메모해 보세요.

★ па́па (아빠), де́душка (할아버지), мужчи́на (남자) 등 몇몇 명사는 여성형 어미를 갖고 있지만 생물학적으로 남성이기 때문에 남성 명사입니다. 그러나 여성형 규칙으로 격 변화하니 주의해야 합니다.

★ 다른 명사와 달리 мя로 끝나는 명사는 어미가 두 글자입니다. 여성 명사가 아니라 중성 명사이기 때문에 헷갈리지 않도록 주의하세요.

Упражнения 연습 문제

1 다음 빈칸에 단어들의 성을 구분해 보세요.

компью́тер	
ру́чка	
дя́дя	
геро́й	
семья́	
кафе́	
вре́мя	
молоко́	
календа́рь	

2 다음 단어를 보고 성을 구분하여 알맞게 적어 보세요.

го́род, кни́га, уче́бник, по́ле, преподава́тель, Кита́й, иде́я, телефо́н, зонт, су́мка, тётя, зада́ние, авто́бус, пи́во, ле́то

남성

_____

여성

_____

중성

_____

3 다음 중 명사와 성의 연결이 틀린 것을 고르세요.

1. банк – 남성

2. фо́то – 중성

3. тетра́дь – 남성

4. подру́га – 여성

4 다음 중 명사와 성의 연결이 틀린 것을 고르세요.

1. странá – 여성

2. врач – 남성

3. мать – 여성

4. семья́ – 중성

5 명사의 성 어미를 떠올리며 빈칸을 채워 보세요.

남성		

여성		

중성		

정답

1 남성, 여성, 남성, 남성, 여성, 중성, 중성, 중성, 남성
2 남성: го́род, уче́бник, преподава́тель, Кита́й, телефо́н, зонт, авто́бус
여성: кни́га, иде́я, су́мка, тётя
중성: по́ле, зада́ние, пи́во, ле́то
3 3. тетра́дь – 남성
4 4. семья́ – 중성
5 자음, -й, -ь / -а, -я, -ь / -о, -е, -мя

День 08 그녀는 나의 친구입니다.

1단계 Дата:

학습 목표: 오늘은 러시아어 소유 대명사를 학습하겠습니다.

1 오늘의 도전 문장

오늘의 도전 문장을 듣고 따라해 보세요.

| 이것은 나의 교과서입니다. | Это мой уче́бник. |
| 이 사람은 나의 할머니입니다. | Это моя́ ба́бушка. |

Заметки

강의를 듣고 메모해 보세요.

2 오늘의 학습 내용

앞서 배운 것처럼 의문사가 있는 의문문은 의문사가 문장의 제일 앞에 옵니다. 이 경우 의문사가 문장의 핵심이므로 의문사의 강세를 올려서 강하게 발음해야 합니다.

| 누구 | **Кто** |

예문

| 이 사람은 누구입니까? | Кто э́то? |

러시아어는 소유 대명사도 남성, 여성, 중성 3가지 성이 존재합니다. 명사를 수식하는 역할을 하기 때문에 명사의 성에 맞추어 소유 대명사도 성을 일치시켜야 합니다.

나의 (남성)	мой
나의 (여성)	моя́
나의 (중성)	моё

 소유 대명사 '나의'는 소유 형용사의 역할을 합니다.

예문

나의 컴퓨터	мой компью́тер
이것은 나의 컴퓨터입니다.	Это мой компью́тер.
나의 친구	мой друг
이 사람은 나의 친구입니다.	Это мой друг.
나의 카드	моя́ ка́рта
이것은 나의 카드입니다.	Это моя́ ка́рта.
나의 엄마	моя́ ма́ма
이 사람은 나의 엄마입니다.	Это моя́ ма́ма.
나의 건물	моё зда́ние

День 08 | 1

이것은 나의 건물입니다.	Это моё здание.

너의 (남성)	твой
너의 (여성)	твоя́
너의 (중성)	твоё

강의를 듣고 메모해 보세요.

예문

너의 휴대폰	твой телефо́н
이것은 너의 휴대폰이니?	Э́то твой телефо́н?
너의 선생님	твой учи́тель
이 사람은 너의 선생님이야.	Э́то твой учи́тель.
너의 가방	твоя́ су́мка
이것은 너의 가방이야.	Э́то твоя́ су́мка.
너의 친구	твоя́ подру́га
이 사람은 너의 친구니?	Э́то твоя́ подру́га?
너의 사진	твоё фо́то
이것은 너의 사진이다.	Э́то твоё фо́то.

★ 소유 대명사 '너의' 역시 소유 형용사의 역할을 합니다.

누구의 (남성)	чей
누구의 (여성)	чья
누구의 (중성)	чьё

예문

누구의 집	чей дом
이것은 누구의 집입니까?	Чей э́то дом?
누구의 딸	чья дочь
이 사람은 누구의 딸입니까?	Чья э́то дочь?
누구의 우유	чьё молоко́
이것은 누구의 우유입니까?	Чьё э́то молоко́?

★ 소유 의문사 또한 뒤에 오는 명사와 성, 수를 일치시켜야 하며 문장의 맨 앞에 씁니다.

Упражнения 연습 문제

1 빈칸에 알맞은 소유 대명사를 넣어 문장을 완성해 보세요.

이 사람은 나의 아빠입니다.

Э́то _____ па́па.

그녀는 내 친구입니다.

Она́ _____ подру́га.

이것은 나의 사진입니다.

Э́то _____ фо́то.

이것은 나의 책입니다.

Э́то _____ кни́га.

이 사람은 나의 할아버지입니다.

Э́то _____ де́душка.

2 빈칸에 알맞은 소유 대명사를 넣어 문장을 완성해 보세요.

그는 너의 아들이니?

Он _____ сын?

이것은 너의 펜입니다.

Э́то _____ ру́чка.

이것은 너의 공책이니?

Э́то _____ тетра́дь?

이것은 너의 연필이니?

Э́то _____ каранда́ш?

이것은 너의 학교니?

Э́то _____ шко́ла?

3 한국어 뜻을 보고 올바르게 러시아어로 써 보세요.

이것은 누구의 편지야?

_____

이 사람은 나의 이모입니다.

_____

이 사람은 누구의 삼촌이니?

_____

이것은 누구의 고양이입니까?　　　　　　　　　　　★ 고양이 ко́шка

_____

이것은 누구의 거울이니?　　　　　　　　　　　★ 거울 зе́ркало

_____

정답
1. мой / моя́ / моё / моя́ / мой
2. твой / твоя́ / твоя́ / твой / твоя́
3. Чьё э́то письмо́? / Э́то моя́ тётя. / Чей э́то дя́дя? / Чья́ э́то ко́шка? / Чьё э́то зе́ркало?

День 08 | **4**

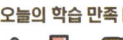

День 09 나는 대학생입니다.

1단계 Дата: .   .

오늘은 러시아어로 국적과 직업을 표현해 보겠습니다.

1 오늘의 도전 문장

오늘의 도전 문장을 듣고 따라해 보세요.

나는 대학생입니다.	Я студе́нтка.
나는 한국인입니다.	Я коре́янка.

2 오늘의 학습 내용

러시아어로 국적을 표현할 때는 화자의 성에 맞는 단어를 써야 합니다.

	남	여
한국 Коре́я	коре́ец	коре́янка
러시아 Росси́я	ру́сский	ру́сская
중국 Кита́й	кита́ец	китая́нка
일본 Япо́ния	япо́нец	япо́нка
영국 А́нглия	англича́нин	англича́нка
미국 Аме́рика	америка́нец	америка́нка
독일 Герма́ния	не́мец	не́мка

강의를 듣고 메모해 보세요.

★ 국가명은 첫 글자를 대문자로 쓰지만 국적을 뜻하는 명사는 문장의 맨 앞에 오는 것이 아니라면 소문자로 씁니다.

예문

나는 한국인입니다. (남)	Я коре́ец.
나는 러시아인입니다. (여)	Я ру́сская.
그는 중국인입니다.	Он кита́ец.
그녀는 중국인입니다.	Она́ китая́нка.

러시아어로 직업을 표현할 때 역시 화자의 성에 맞는 단어를 써야 합니다.

 **Заметки**
강의를 듣고 메모해 보세요.

	남	여
대학생	студе́нт	студе́нтка
기자	журнали́ст	журнали́стка
선생님(초중고)	учи́тель	учи́тельница
선생님(대학)	преподава́тель	преподава́тельница
운동선수	спортсме́н	спортсме́нка
초중고생	шко́льник	шко́льница
화가	худо́жник	худо́жница
가수	певе́ц	певи́ца
배우	актёр	актри́са
의사	врач	

★ '의사 врач'처럼 남, 여 모두 쓸 수 있는 명사도 있습니다.

 예문

나는 대학생입니다. (여)	Я студе́нтка.
그는 선생님입니다.	Он учи́тель.
그녀는 배우입니다.	Она́ актри́са.
너는 초중고생이니? (남)	Ты шко́льник?
그녀는 의사입니다.	Она́ врач.
그는 의사입니다.	Он врач.

Упражнения 연습 문제

1 국가명을 보고 문장을 완성해 보세요.

Герма́ния	나는 독일인입니다. (여)

Аме́рика	너는 미국인이니? (남)

Коре́я	나는 한국인입니다. (여)

А́нглия	그녀는 영국인입니까?

Росси́я	그는 러시아인입니다.

2 한국어 뜻을 보고 올바르게 러시아어로 써 보세요.

당신은 의사인가요?

___

나의 아빠는 가수입니다.

___

나의 엄마는 운동선수입니다.

___

너는 대학생이니? (남)

___

그녀는 기자입니다.

___

3 한국어 뜻을 보고 명사의 성에 유의하여 빈칸을 채워 보세요.

나의 친구는 러시아인입니다. (여)

Моя́ подру́га _____ .

나의 엄마는 의사입니다.

Моя́ ма́ма _____ .

그는 배우입니까?

Он _____ ?

당신은 일본인인가요? (남)

Вы _____ ?

너의 엄마는 기자니?

Твоя́ ма́ма _____ ?

나는 독일인입니다. (남)

Я _____ .

그녀는 화가입니다.

Она́ _____ .

정답

1 Я не́мка. / Ты америка́нец? / Я корея́нка. / Она́ англича́нка? / Он ру́сский.
2 Вы врач? / Мой па́па певе́ц. / Моя́ ма́ма спортсме́нка. / Ты студе́нт? / Она́ журнали́стка.
3 ру́сская / врач / актёр / япо́нец / журнали́стка / не́мец / худо́жница

День 10 그는 집에 있어요.

🔊 MP3-10

1단계 Дата: .   .

오늘은 장소 부사와 가족 구성원을 뜻하는 단어를 학습하겠습니다.

1 오늘의 도전 문장

오늘의 도전 문장을 듣고 따라해 보세요.

너는 어디니?	Где ты?
나는 집에 있어.	Я до́ма.

2 오늘의 학습 내용

러시아어 부사는 서술어 역할도 하기 때문에, 명사와 장소를 뜻하는 부사만으로 간단한 문장을 만들 수 있습니다.

어디에	여기에	저기에	집에
где	здесь	там	до́ма

 예문

그녀는 어디에 있습니까?	Где она́?
그녀는 집에 있어요.	Она́ до́ма.
너희는 어디에 있니?	Где вы?
우리는 집에 있어요.	Мы до́ма.
학교는 어디에 있습니까?	Где шко́ла?
학교는 여기에 있어요.	Шко́ла здесь.
우체국은 어디에 있습니까?	Где по́чта?
우체국은 저기에 있어요.	По́чта там.

Заметки

강의를 듣고 메모해 보세요.

★ 의문문을 만들 때는 의문사를 문장의 맨 앞에 씁니다.

왼쪽에	오른쪽에	멀리	가까이
сле́ва	спра́ва	далеко́	бли́зко

나의 학교는 왼쪽에 있어요.	Моя́ шко́ла сле́ва.
학교는 머니?	Шко́ла далеко́?
오른쪽에 은행이 있어요.	Спра́ва банк.
은행은 가깝니?	Банк бли́зко?

이번에는 가족 구성원 명칭을 러시아어로 공부해 보겠습니다.

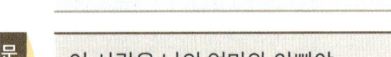

엄마	아빠	할머니	할아버지
ма́ма	па́па	ба́бушка	де́душка
딸	아들	여자 형제 (언니, 누나, 여동생)	남자 형제 (오빠, 형, 남동생)
дочь	сын	сестра́	брат
아내	남편	손녀	손자
жена́	муж	вну́чка	внук

이 사람은 나의 엄마와 아빠야.	Э́то моя́ ма́ма и мой па́па.
이 사람은 나의 아내야.	Э́то моя́ жена́.
이 사람은 나의 남편이야.	Э́то мой муж.
그는 나의 오빠야.	Он мой брат.
그녀는 내 손녀야.	Она́ моя́ вну́чка.
이 사람은 너의 언니니?	Э́то твоя́ сестра́?

★ 아빠, 할아버지는 а로 끝나는 여성 명사 형태지만 생물학적으로 남성 이기 때문에 남성 명사입니다.

★ 엄마는 ма́ма 외에 'мать 어머니', 아빠는 па́па 외에 'оте́ц 아버지' 로 쓰기도 합니다.

★ 여자 형제와 남자 형제는 '손 위의 ста́ршая(ста́рший)', '손 아래 의 мла́дшая(мла́дший)' 형용 사를 결합하여 구체적으로 나타낼 수 있습니다.

Упражнения 연습 문제

1 빈칸을 채워 문장을 완성해 보세요.

너의 집은 어디에 있니?

_____ твой дом?

저기에 나의 집이 있어.

_____ мой дом.

여기는 은행이야.

_____ банк.

너 집이니?

Ты _____ ?

학교는 멀어?

Шко́ла _____ ?

교회는 어디야?

_____ це́рковь?

2 한국어 뜻을 보고 러시아어로 대화를 완성해 보세요.

A: 약국은 어디예요? ★ 약국 апте́ка

A: _____

B: 약국은 저기에 있어요.

B: _____

A: 멀어요?

A: _____

B: 아니요, 가까워요.

B: _____

3 한국어 뜻을 보고 올바르게 러시아어로 써 보세요.

이 사람은 너의 아빠니?

아니, 이 사람은 나의 할아버지야.

저기에 남편과 아들이 있어.

할머니는 집에 계셔.

너의 딸은 어디에 있니?

오른쪽은 나의 엄마야.

왼쪽은 나의 손자야.

정답
1. Где / Там / Здесь / дóма / далекó / Где
2. Где аптéка? / Аптéка там. / Э́то далекó? / Нет, э́то блúзко.
3. Э́то твой пáпа? / Нет, э́то мой дéдушка. / Там муж и сын. / Бáбушка дóма. / Где твоя́ дочь? / Спрáва моя́ мáма. / Слéва мой внук.

День 11 이 사람은 새로운 친구입니다.

2단계 Дата:

학습목표 오늘은 러시아어 형용사를 학습하겠습니다.

1 오늘의 도전 문장

오늘의 도전 문장을 듣고 따라해 보세요.

여기는 붉은 광장입니다.	Здесь Красная площадь.
이것은 레드 와인입니다.	Это красное вино.

Заметки

강의를 듣고 메모해 보세요.

2 오늘의 학습 내용

러시아어 형용사는 명사와 마찬가지로 남성, 여성, 중성 세 가지 성이 있습니다. 형용사는 명사를 수식하기 때문에 뒤에 오는 명사의 성과 일치시켜야 합니다. 오늘은 가장 기본적인 러시아어 형용사의 어미를 알아보겠습니다.

남성	여성	중성
-ый	-ая	-ое

★ 어미를 통해 형용사의 성을 구분할 수 있으므로 꼭 암기해야 합니다.

	남성	여성	중성
새로운	новый	новая	новое
아름다운	красивый	красивая	красивое
붉은	красный	красная	красное

★ '아름다운 красивый'와 '붉은 красный'는 헷갈리기 쉬우니 유의해서 기억하세요!

	남성	여성	중성
오래된, 낡은	старый	старая	старое
검은	чёрный	чёрная	чёрное
하얀	белый	белая	белое

День 11 | 1

예문		
	새로운 집	но́вый дом
	새로운 자동차	но́вая маши́на
	아름다운 대학생 (남)	краси́вый студе́нт
	아름다운 대학생 (여)	краси́вая студе́нтка
	붉은 광장	Кра́сная пло́щадь
	레드 와인	кра́сное вино́

★ 붉은 광장은 고유명사이기 때문에 맨 앞 글자를 대문자로 써야 합니다.

예문		
	낡은 책상	ста́рый стол
	이것은 낡은 지갑입니다.	Э́то ста́рый кошелёк.
	이것은 오래된 건물입니다.	Э́то ста́рое зда́ние.
	저기에 아주 낡은 집이 있습니다.	Там о́чень ста́рый дом.
	검은 치마	чёрная ю́бка
	백야	бе́лая ночь
	하얀 원피스	бе́лое пла́тье
	이것은 하얀 원피스와 검은 치마입니다.	Э́то бе́лое пла́тье и чёрная ю́бка.

День 11 | 2

Упражнения 연습 문제

1 명사를 보고 성에 맞게 형용사를 넣어 한국어를 러시아어로 바꿔 보세요.

му́зыка 음악	아름다운 음악

го́лос 목소리	아름다운 목소리

зада́ние 과제	이것은 새로운 과제입니다.

каранда́ш 연필	빨간 연필

кра́ска 물감	빨간 물감

окно́ 창문	새로운 창문

2 다음 보기에서 형용사를 골라 빈칸을 채워 보세요.

보기 краси́вый, но́вый, ста́рый, кра́сный, чёрный, бе́лый

화이트 와인		вино́
아름다운 인생		жизнь
새로운 신문		газе́та
새해		год
검은 연기		дым
레드 와인		вино́
흑빵		хлеб
오래된 의자		стул
하얀 얼굴		лицо́
아름다운 엄마		ма́ма

3 다음 한글 뜻을 보고 문장을 완성해 보세요.

이것은 새로운 교과서입니까?

Это _____ учебник?

이 사람은 나의 오랜 친구입니다.

_____.

나는 흑빵을 좋아한다.

Мне нравится _____.

여기는 붉은 광장입니다.

Это _____.

이것은 검은 코트입니다.

Это _____ пальто.

이것은 새로운 잡지입니다.

Это _____ журнал.

이것은 아름다운 음악입니다.

Это _____ музыка.

정답

1 красивая музыка / красивый голос / Это новое задание. / красный карандаш / красная краска / новое окно
2 белое / красивая / новая / новый / чёрный / красное / чёрный / старый / белое / красивая
3 новый / Это мой старый друг. / чёрный хлеб / Красная площадь / чёрное / новый / красивая

День 12 그는 어떤 학생이니?

학습목표: 오늘은 지난 시간에 이어 러시아어 형용사를 학습하겠습니다.

1. 오늘의 도전 문장

오늘의 도전 문장을 듣고 따라해 보세요.

| 여기는 볼쇼이 극장입니다. | Это Большо́й теа́тр. |
| 그는 어떤 사람이니? | Како́й он челове́к? |

2. 오늘의 학습 내용

러시아어 남성 형용사의 어미는 지난 시간에 배운 -ый를 포함하여 3가지가 있습니다. 오늘은 그 중 -ой 형태를 알아보겠습니다. 이때 여성, 중성 형용사의 어미는 각각 -ая, -ое로 같습니다. 남성 형용사의 어미가 -ой일 경우 강세는 반드시 어미 о에 옵니다.

남성	여성	중성
-ой	**-ая**	**-ое**

	남성	여성	중성
큰	большо́й	больша́я	большо́е
어떤	како́й	кака́я	како́е

예문

대가족	больша́я семья́
이 사람은 어떤 사람이니?	Како́й э́то челове́к?
볼쇼이 극장	Большо́й теа́тр

★ 어미를 통해 형용사의 성을 구분할 수 있기 때문에 꼭 암기해야 합니다.

★ како́й는 의문 형용사이기 때문에 일반적으로 문장의 맨 앞에 옵니다. 의문 형용사 또한 수식하는 명사의 성에 맞는 형태를 써야 합니다.

★ 우리에게 잘 알려진 볼쇼이 극장은 고유명사이기 때문에 맨 앞 글자를 대문자로 써야 합니다. 또한 강세가 뒤 о에 있기 때문에 한국어 발음과 달리 [발쇼이]로 읽습니다.

강의를 듣고 메모해 보세요.

	남성	여성	중성
황금의	золото́й	золота́я	золото́е
태어난, 고향의	родно́й	родна́я	родно́е
낮의, 하루의	дневно́й	дневна́я	дневно́е
나쁜, 안 좋은	плохо́й	плоха́я	плохо́е

황금 시대	золото́й век
황금빛 가을	золота́я о́сень
지금은 황금빛 가을입니다.	Сейча́с золота́я о́сень.
모국어	родно́й язы́к
이것은 나의 모국어입니다.	Э́то мой родно́й язы́к.
낮잠	дневно́й сон
나쁜 날씨	плоха́я пого́да
그는 나쁜 사람이다.	Он плохо́й челове́к.

Упражнения 연습 문제

1 명사를 보고 성에 맞게 형용사를 넣어 한국어를 러시아어로 바꿔 보세요.

шко́ла 학교	커다란 학교

по́езд 기차	낮 열차(주간 열차)

подру́га 친구(여)	그녀는 어떤 친구니?

цвет 색	황금색

страна́ 나라	큰 나라

вино́ 와인	이것은 어떤 와인입니까?

2 다음 보기에서 형용사를 골라 빈칸을 채워 보세요.

> **보기**
> како́й, большо́й, золото́й, родно́й, дневно́й

어떤 사람		челове́к
황금빛 인생		жизнь
친형제		брат
금반지		кольцо́
큰 은행		банк
대량		коли́чество
어떤 직업		профе́ссия
모국		страна́
낮 공연		спекта́кль
커다란 광장		пло́щадь

День 12

3 다음 한글 뜻을 보고 러시아어로 대화를 완성해 보세요.

A: 여기가 볼쇼이 극장인가요?

A: _____

B: 네, 볼쇼이 극장입니다.

B: _____

A: 이것은 어떤 와인인가요?

A: _____

B: 이것은 화이트 와인이에요.

B: _____

A: 이것은 어떤 도시인가요?

A: _____

B: 이것은 내가 태어난 도시예요. (나의 고향 도시예요.)

B: _____

A: 이것은 어떤 상황인가요? ★ 상황 ситуа́ция

A: _____

B: 이것은 안 좋은 상황이에요.

B: _____

정답
1. больша́я шко́ла / дневно́й по́езд / Кака́я она́ подру́га? / золото́й цвет / больша́я страна́ / Како́е э́то вино́?
2. како́й / золота́я / родно́й / золото́е / большо́й / большо́е / кака́я / родна́я / дневно́й / больша́я
3. Здесь Большо́й теа́тр? / Да, э́то Большо́й теа́тр. / Како́е э́то вино́? / Э́то бе́лое вино́. / Како́й э́то го́род? / Э́то мой родно́й го́род. / Кака́я э́то ситуа́ция? / Э́то плоха́я ситуа́ция.

День 13 : 이것은 한국어입니다.

오늘은 지난 시간에 이어 러시아어 형용사를 학습하겠습니다.

1. 오늘의 도전 문장

오늘의 도전 문장을 듣고 따라해 보세요.

이것은 어떤 언어입니까?	Какой это язык?
이것은 한국어입니다.	Это коре́йский язы́к.

Заметки

강의를 듣고 메모해 보세요.

2. 오늘의 학습 내용

러시아어 г, к, х, ж, ч, ш, щ 뒤에는 모음 ы가 올 수 없기 때문에 и를 써야 합니다. 이것은 형용사뿐만 아니라 모든 단어에 적용되는 자음 규칙입니다. 오늘은 이 규칙에 해당하는 형용사의 마지막 어미를 학습하겠습니다.

남성	여성	중성
-ий	-ая	-ое

★ 어미를 통해 형용사의 성을 구분할 수 있으므로 꼭 암기해야 합니다.

	남성	여성	중성
러시아의	ру́сский	ру́сская	ру́сское
한국의	коре́йский	коре́йская	коре́йское
중국의	кита́йский	кита́йская	кита́йское
일본의	япо́нский	япо́нская	япо́нское
독일의	неме́цкий	неме́цкая	неме́цкое

예문

한국 음악	коре́йская му́зыка
러시아 알파벳	ру́сский алфави́т
이것은 중국 문화입니다.	Э́то кита́йская культу́ра.

이번에는 형용사 특수형 어미를 배워 볼까요?

남성	여성	중성
-ий	-яя	-ее

	남성	여성	중성
파란	си́ний	си́няя	си́нее
집의	дома́шний	дома́шняя	дома́шнее
여름의	ле́тний	ле́тняя	ле́тнее
겨울의	зи́мний	зи́мняя	зи́мнее

예문

파란 하늘	си́нее не́бо
숙제	дома́шнее зада́ние
여름 스포츠	ле́тний спорт
겨울 옷	зи́мняя оде́жда
여기는 여름 궁전이다.	Здесь Ле́тний дворе́ц.
저기는 겨울 궁전이다.	Там Зи́мний дворе́ц.

Заметки

강의를 듣고 메모해 보세요.

★ 특수형 어미 앞에 자음 н이 붙어서 -ний, -няя, -нее의 형태인 경우가 많습니다.

Упражнения 연습 문제

1 명사를 보고 성에 맞게 형용사를 넣어 한국어를 러시아어로 바꿔 보세요.

язы́к 언어	한국어와 러시아어

литерату́ра 문학	한국 문학

ку́хня 부엌, 요리	일본 요리

а́дрес 주소	집 주소

цвет 색	파란색

2 다음 보기에서 형용사를 골라 빈칸을 채워 보세요.

보기

ру́сский, коре́йский, кита́йский, япо́нский, неме́цкий, си́ний, дома́шний

한국 대학생(여)		студе́нтка
일본 대학생(남)		студе́нт
독일 문학		литерату́ра
집 전화		телефо́н
러시아 이름		и́мя
중국 역사		исто́рия
한국 전쟁(6.25 전쟁)		война́
집에서 만든 포도주		вино́
러시아 음식		блю́до
가정 교육		воспита́ние

День 13

3

다음 한글 뜻을 보고 러시아어로 빈칸을 채워 보세요.

너는 한국어를 아니?

Ты зна́ешь _____ ?

아니, 나는 한국어를 몰라.

Нет, я не зна́ю _____ .

당신은 러시아 문화를 좋아하세요?

Вам нра́вится _____ ?

아니요, 저는 한국 문화를 좋아해요.

Нет, мне нра́вится _____ .

너는 여름 스포츠를 좋아하니?

Ты лю́бишь _____ ?

아니, 나는 겨울 스포츠를 좋아해.

Нет, я люблю́ _____ .

이것이 겨울 궁전인가요?

Э́то _____ ?

아니요, 여기는 여름 궁전이에요.

Нет, э́то _____ .

정답

1 коре́йский язы́к и ру́сский язы́к / коре́йская литерату́ра / япо́нская ку́хня / дома́шний а́дрес / си́ний цвет

2 коре́йская / япо́нский / неме́цкая / дома́шний / ру́сское / кита́йская / Коре́йская / дома́шнее / ру́сское / дома́шнее

3 коре́йский язы́к / коре́йский язык / ру́сская культу́ра / коре́йская культу́ра / ле́тний спорт / зи́мний спорт / Зи́мний дворе́ц / Ле́тний дворе́ц

День 14 이것은 그녀의 책이야.

 MP3-14

2단계 Дата:

학습목표 오늘은 러시아어 소유 대명사를 학습하겠습니다.

1 오늘의 도전 문장

오늘의 도전 문장을 듣고 따라해 보세요.

이 사람은 우리 선생님입니다.	Это наш преподава́тель.
이것은 그녀의 가방입니다.	Это её су́мка.

강의를 듣고 메모해 보세요.

2 오늘의 학습 내용

러시아어는 소유 대명사도 남성, 여성, 중성 3가지 성이 존재했다고 배웠던 것 기억하시나요? 오늘은 '우리의, 당신의'를 뜻하는 소유 대명사를 학습하도록 하겠습니다. 소유 대명사는 명사를 수식하는 역할을 하기 때문에 명사의 성에 맞추어 소유 대명사도 성을 일치시켜야 하는 점 꼭 기억하세요!

우리의 (남성)	우리의 (여성)	우리의 (중성)
наш	на́ша	на́ше

너희의 / 당신의 (남성)	너희의 / 당신의 (여성)	너희의 / 당신의 (중성)
ваш	ва́ша	ва́ше

★ 소유 대명사 '우리의, 당신의' 역시 소유 형용사의 역할을 합니다.

예문

우리나라	на́ша страна́
이것은 우리나라입니다.	Это на́ша страна́.
당신의 나라	ва́ша страна́
이것은 당신의 나라인가요?	Это ва́ша страна́?
우리나라는 아름다워요.	На́ша страна́ краси́вая.

★ 일반적으로 러시아어 형용사는 명사 앞에 써서 명사를 수식하는 역할을 하지만 명사와 형용사의 어순을 바꾸어 쓰면 술어 역할을 하게 됩니다. 이때도 물론 명사와 형용사의 성은 반드시 일치시켜야 합니다.

'그의, 그녀의, 그들의'를 뜻하는 3인칭 소유 대명사는 성을 구분하지 않습니다. 수식하는 명사의 성이 무엇이든 하나의 형태로 사용합니다.

그의	그녀의	그들의
eró	eë	их

강의를 듣고 메모해 보세요.

★ '그의'를 뜻하는 eró의 г는 예외적으로 [в]로 발음합니다.

그의 교과서	eró учébник
이것은 그의 교과서입니까?	Это eró учébник?
그의 연필	eró карандáш
이것은 그의 연필입니다.	Это eró карандáш.
그녀의 친구	eë подрýга
이 사람은 그녀의 친구인가요?	Это eë подрýга?
그녀의 건물	eë здáние
이것은 그녀의 건물입니까?	Это eë здáние?
그들의 학교	их шкóла
그들의 학교는 어디인가요?	Где их шкóла?
그들의 고향	их рóдина
그들의 고향은 어디입니까?	Где их рóдина?

Упражнения 연습 문제

1 빈칸에 알맞은 소유 대명사를 넣어 문장을 완성해 보세요.

이것은 우리 집입니다.
Это _____ дом.

이것은 우리 학교입니다.
Это _____ шко́ла.

우리 학교는 커요.
_____ шко́ла больша́я.

이것은 당신의 여권인가요?
Это _____ па́спорт?

당신의 회사는 어디예요?
Где _____ компа́ния?

2 빈칸에 알맞은 소유 대명사를 넣어 대화를 완성해 보세요.

A: 이것은 당신의 자리인가요?
A: Это _____ ме́сто?

B: 네, 제 자리예요.
B: Да, э́то _____ ме́сто.

A: 이것은 당신의 수하물인가요?
A: Это _____ бага́ж?

B: 네, 저의 수하물이에요.
B: Да, э́то _____ бага́ж.

A: 이것은 그녀의 펜인가요?
A: Это _____ ру́чка?

B: 아니요, 그의 펜이에요.
B: Нет, э́то _____ ру́чка.

3 한국어 뜻을 보고 올바르게 러시아어로 써 보세요.

우리 도시는 커요.
_____

이것은 당신의 책인가요?
_____

이것은 우리의 대학교입니다.
_____

여기는 그들의 회사예요.
_____

이 사람이 당신의 아들인가요?
_____

그녀의 컴퓨터는 낡았다.
_____

이것은 그의 티켓이에요. ★ 티켓 билéт
_____

정답

1 наш / нáша / Нáша / ваш / вáша

2 вáше / моё / ваш / мой / её / егó

3 Наш гóрод большóй. / Э́то вáша кни́га? / Э́то наш университéт. / Здесь их компáния. / Э́то ваш сын? / Её компью́тер стáрый. / Э́то егó билéт.

День 15 나는 러시아어를 알아요.

2단계 Дата:

학습목표: 오늘은 러시아어 1식 동사에 대해 학습하겠습니다.

1. 오늘의 도전 문장

오늘의 도전 문장을 듣고 따라해 보세요.

| 당신은 무엇을 합니까? | Что вы де́лаете? |
| 나는 러시아어를 압니다. | Я зна́ю ру́сский язы́к. |

2. 오늘의 학습 내용

러시아어 동사는 크게 1식과 2식으로 나눌 수 있습니다. 동사 원형에서 1식 동사는 -ать, -ять 2식 동사는 -ить, -еть의 어미를 갖습니다. 현재 시제에서는 인칭에 따라 동사의 형태를 변화시킵니다. 오늘은 1식 동사 인칭 변화에 대해 배워 볼까요?

я	-ю	мы	-ем
ты	-ешь	вы	-ете
он / она́	-ет	они́	-ют

'하다'라는 뜻의 де́лать 동사는 -ать로 끝나는 1식 동사이기 때문에 위의 표 규칙에 맞게 동사를 인칭 변화시켜 주어야 합니다.

де́лать 하다

я	де́лаю	мы	де́лаем
ты	де́лаешь	вы	де́лаете
он / она́	де́лает	они́	де́лают

예문

너는 무엇을 하니?	Что ты де́лаешь?
나는 숙제를 해.	Я де́лаю дома́шнее зада́ние.
그녀는 무엇을 합니까?	Что она́ де́лает?
그녀는 숙제를 합니다.	Она́ де́лает дома́шнее зада́ние.

Заметки 강의를 듣고 메모해 보세요.

★ 의문문에서는 의문사를 문장의 맨 앞에 씁니다.

'알다'라는 뜻의 знать 역시 -ать로 끝나는 1식 동사입니다.

знать 알다			
я	зна́ю	мы	зна́ем
ты	зна́ешь	вы	зна́ете
он / она́	зна́ет	они́	зна́ют

강의를 듣고 메모해 보세요.

예문	
나는 러시아어를 압니다.	Я зна́ю ру́сский язы́к.
너는 어떤 언어를 아니?	Како́й язы́к ты зна́ешь?
나는 중국어를 압니다.	Я зна́ю кита́йский язы́к.
그는 한국어를 압니다.	Он зна́ет коре́йский язы́к.
그녀는 독일어를 압니다.	Она́ зна́ет неме́цкий язы́к.
우리는 일본어를 압니다.	Мы зна́ем япо́нский язы́к.
너희는 외국어를 아니?	Вы зна́ете иностра́нный язы́к?
그들은 영어를 압니다.	Они́ зна́ют англи́йский язы́к.

Упражнения 연습 문제

1 보기의 단어를 활용하여 동사의 인칭 변화에 주의하며 러시아어로 문장을 써 보세요.

> **보기**
> 숙제 дома́шнее зада́ние

나는 숙제를 합니다.

너는 무엇을 하니?

그는 무엇을 하니?

그녀는 무엇을 하니?

우리는 숙제를 합니다.

너희는 무엇을 하니?

그들은 숙제를 합니다.

2 동사의 인칭 변화에 주의하며 러시아어로 문장을 써 보세요.

> **보기**
> 독일어 неме́цкий язы́к 중국어 кита́йский язы́к 한국어 коре́йский язы́к 영어 англи́йский язы́к

나는 독일어를 압니다.

너는 무엇을 아니?

그는 중국어를 압니다.

그녀는 한국어를 아나요?

우리는 영어를 압니다.

당신은 무엇을 압니까?

그들은 영어를 압니까?

3 1식 동사 변형 어미를 떠올리며 표를 채워 보세요.

я	
ты	
он / она́	
мы	
вы	
они́	

정답
1 Я де́лаю дома́шнее зада́ние. / Что ты де́лаешь? / Что он де́лает? / Что она́ де́лает? / Мы де́лаем дома́шнее зада́ние. / Что вы де́лаете? / Они́ де́лают дома́шнее зада́ние.
2 Я зна́ю неме́цкий язы́к. / Что ты зна́ешь? / Он зна́ет кита́йский язы́к. / Она́ зна́ет коре́йский язы́к? / Мы зна́ем англи́йский язы́к. / Что вы зна́ете? / Они́ зна́ют англи́йский язы́к?
3 -ю / -ешь / -ет / -ем / -ете / -ют

День 16 그는 러시아어로 말합니다.

MP3-16

2단계 Дата:

학습목표: 오늘은 러시아어 2식 동사에 대해 학습하겠습니다.

1. 오늘의 도전 문장

오늘의 도전 문장을 듣고 따라해 보세요.

그는 러시아어로 말합니다.	Он говори́т по-ру́сски.
우리는 러시아어로 말합니다.	Мы говори́м по-ру́сски.

Заметки 강의를 듣고 메모해 보세요.

2. 오늘의 학습 내용

지난 시간에 이어 오늘도 러시아어 동사에 대해 학습하겠습니다. 오늘은 -ить, -еть 의 어미를 갖는 2식 동사에 대해서 알아볼까요? 2식 동사도 1식과 마찬가지로 현재 시제에서는 인칭에 따라 동사의 형태가 달라집니다. 2식 동사의 인칭 변화를 살펴봅시다.

я	-ю	мы	-им
ты	-ишь	вы	-ите
он / она́	-ит	они́	-ят

'말하다'라는 뜻의 говори́ть 동사는 -ить로 끝나는 2식 동사이기 때문에 위의 표 규칙에 맞게 동사를 인칭 변화시켜 주어야 합니다. 1식 동사와 달리 2식 동사는 원형에서 -ить 모두를 떼고, 인칭에 맞게 동사의 어미를 바꾸면 됩니다.

говори́ть 말하다			
я	говорю́	мы	говори́м
ты	говори́шь	вы	говори́те
он / она́	говори́т	они́	говоря́т

예문

나는 말한다.	Я говорю́.
너는 말한다.	Ты говори́шь.
우리는 말한다.	Мы говори́м.

러시아어로 '~언어를 말하다'라고 할 때 '말하다' 동사 뒤에 '~언어로'라는 부사 표현을 써야 합니다. 따라서 '나는 러시아어를 말한다'가 아니라 '나는 러시아어로 말한다.'가 맞는 표현입니다. 초보자들이 쉽게 틀리는 표현이기 때문에 주의해야 합니다.

**Заметки**

강의를 듣고 메모해 보세요.

러시아어	рýсский язы́к
한국어	коре́йский язы́к
중국어	кита́йский язы́к
일본어	япо́нский язы́к
영어	англи́йский язы́к
독일어	неме́цкий язы́к

러시아어로	по-рýсски
한국어로	по-коре́йски
중국어로	по-кита́йски
일본어로	по-япо́нски
영어로	по-англи́йски
독일어로	по-неме́цки

예문

나는 러시아어로 말한다.	Я говорю́ по-рýсски.
너는 러시아어로 말한다.	Ты говори́шь по-рýсски.
우리는 러시아어로 말한다.	Мы говори́м по-рýсски.

★ '~언어로'라는 부사는 й가 아니라 и로 끝납니다. 헷갈리기 쉬우니 꼭 정확하게 기억하세요!

★ '~언어로'라는 부사는 по-рýсски처럼 по 뒤에 하이픈 (дефи́с)을 꼭 써야 하고 по에는 강세가 오지 않습니다.

Упражнения 연습 문제

1 동사의 인칭 변화에 주의하며 러시아어로 문장을 써 보세요.

나는 러시아어로 말합니다.

_____

너는 러시아어로 말하니?

_____

그는 한국어로 말합니다.

_____

그녀는 영어로 말합니다.

_____

우리는 일본어로 말합니다.

_____

당신은 중국어로 말하나요?

_____

그들은 러시아어로 말합니다.

_____

2 한국어 뜻을 보고 러시아어를 써서 대화를 완성해 보세요.

A: 그는 한국어로 말하니?

A: _____

B: 응, 그는 한국어로 말해.

B: _____

A: 그녀 또한 한국어로 말하니? ★ ~도, 또한 тоже

A: _____

B: 응, 그녀도 한국어로 말해.

B: _____

A: 너는 독일어로 말하니?

A: _____

B: 아니, 나는 영어로 말해.

B: _____

A: 당신은 러시아어를 아나요?

A: _____

B: 네, 저는 러시아어로 말해요.

B: _____

A: 너희는 일본어로 말하니?

A: _____

B: 네, 저희는 일본어로 말해요.

B: _____

3 2식 동사 변형 어미를 떠올리며 표를 채워 보세요.

я	
ты	
он / она́	
мы	
вы	
они́	

정답

1 Я говорю́ по-ру́сски. / Ты говори́шь по-ру́сски? / Он говори́т по-коре́йски. / Она́ говори́т по-англи́йски. / Мы говори́м по-япо́нски. / Вы говори́те по-кита́йски? / Они́ говоря́т по-ру́сски.

2 Он говори́т по-коре́йски? / Да, он говори́т по-коре́йски. / Она́ то́же говори́т по-коре́йски? / Да, она́ то́же говори́т по-коре́йски. / Ты говори́шь по-неме́цки? / Нет, я говорю́ по-англи́йски. / Вы зна́ете ру́сский язы́к? / Да, я говорю́ по-ру́сски. / Вы говори́те по-япо́нски? / Да, мы говори́м по-япо́нски.

3 -ю / -ишь / -ит / -им / -ите / -ят

День 16 | 4

День 17 그는 러시아어로 아주 잘 말합니다.

MP3-17 | 2단계 Дата: . .

학습목표: 오늘은 러시아어 부사에 대해 학습하겠습니다.

1. 오늘의 도전 문장

오늘의 도전 문장을 듣고 따라해 보세요.

| 그는 러시아어로 어떻게 말합니까? | Как он говори́т по-ру́сски? |
| 그는 러시아어로 아주 잘 말합니다. | Он о́чень хорошо́ говори́т по-ру́сски. |

2. 오늘의 학습 내용

일반적으로 부사는 동사 앞에 써서 동사를 수식하는 역할을 합니다. 러시아어 부사는 어미가 о인 형태가 많고, 다른 품사와 달리 격 변화하지 않는 것이 특징입니다. 또한 단독으로 사용해서 서술어처럼 쓰기도 합니다. 러시아어에 어떤 부사들이 있는지 알아볼까요?

| 좋게, 잘 | хорошо́ | 훌륭하게 | отли́чно |
| 나쁘게, 서투르게 | пло́хо | 아주, 매우 | о́чень |

위의 부사는 '말하다'라는 뜻의 говори́ть 동사와 함께 쓰는 경우가 많습니다. говори́ть의 현재 시제 변화형을 떠올려 볼까요?

говори́ть 말하다			
я	говорю́	мы	говори́м
ты	говори́шь	вы	говори́те
он / она́	говори́т	они́	говоря́т

예문

나는 러시아어로 잘 말한다.	Я хорошо́ говорю́ по-ру́сски.
너는 러시아어로 아주 잘 말한다.	Ты о́чень хорошо́ говори́шь по-ру́сски.
우리는 러시아어로 서투르게 말한다.	Мы пло́хо говори́м по-ру́сски.

Заметки

강의를 듣고 메모해 보세요.

★ пло́хо는 '나쁘게'라는 뜻을 갖고 있는 부사지만 'Мы пло́хо говори́м по-ру́сски.'라는 문장은 '우리는 러시아어로 나쁘게 말한다'가 아니라 '잘 말하지 못한다, 서투르게 말한다'라는 의미입니다.

как은 '어떻게, 얼마나'라는 뜻으로 쓰는 의문사로 의문문에서는 문장 제일 앞에 옵니다. как으로 질문할 때는 부사로 답하는 경우가 많습니다.

강의를 듣고 메모해 보세요.

어떻게, 얼마나	как
당신은 러시아어로 얼마나 말하나요?	Как вы говори́те по-ру́сски?
저는 러시아어로 잘 말해요.	Я хорошо́ говорю́ по-ру́сски.
저는 러시아어를 아주 잘 알아요.	Я о́чень хорошо́ зна́ю ру́сский язы́к.
저는 러시아어를 서투르게 알아요.	Я пло́хо зна́ю ру́сский язы́к.
저는 러시아어를 아주 서투르게 알아요.	Я о́чень пло́хо зна́ю ру́сский язы́к.
그는 한국어로 어떻게 말해요?	Как он говори́т по-коре́йски?
그는 한국어로 잘 말해요.	Он хорошо́ говори́т по-коре́йски.
그는 한국어로 아주 잘 말해요.	Он о́чень хорошо́ говори́т по-коре́йски.
그는 한국어로 훌륭하게 말해요.	Он отли́чно говори́т по-коре́йски.
그는 한국어로 서투르게 말해요.	Он пло́хо говори́т по-коре́йски.
그는 한국어로 아주 서투르게 말해요.	Он о́чень пло́хо говори́т по-коре́йски.

Упражнения 연습 문제

1 보기의 단어를 활용하여 동사의 인칭 변화에 주의하며 러시아어로 문장을 써 보세요.

> **보기**
> 러시아어 рýсский язы́к / 러시아어로 по-рýсски / 한국어 коре́йский язы́к / 한국어로 по-коре́йски
> 중국어 кита́йский язы́к / 중국어로 по-кита́йски / 영어 англи́йский язы́к / 영어로 по-англи́йски
> 일본어 япо́нский язы́к / 일본어로 по-япо́нски

나는 한국어로 잘 말합니다.

너는 러시아어로 잘 말하니?

그는 러시아어로 아주 잘 말합니다.

그녀는 영어로 서투르게 말합니다.

우리는 일본어로 아주 서투르게 말합니다.

당신은 중국어로 잘 말하나요?

그들은 영어로 훌륭하게 말합니다.

2 한국어 뜻을 보고 러시아어를 써서 대화를 완성해 보세요.

A: 그는 영어를 잘 아니?

A:

B: 아니, 그는 영어를 잘 몰라.

B:

A: 그럼 그는 일본어는 잘 아니? ★ 그럼 A(접속사)

A: _____

B: 응, 그는 일본어를 잘 알아.

B: _____

A: 그녀는 얼마나 독일어로 말하나요?

A: _____

B: 그녀는 독일어로 서투르게 말해요. 그녀는 한국어로 훌륭하게 말해요.

B: _____

A: 당신은 러시아어를 아나요?

A: _____

B: 네, 저는 러시아어를 잘 알아요.

B: _____

A: 당신은 러시아어로 말하나요?

A: _____

B: 네, 저는 러시아어로 아주 잘 말해요.

B: _____

A: 그들은 중국어로 잘 말하나요?

A: _____

B: 아니요, 그들은 중국어 아주 서투르게 말해요. 그들은 일본어로 잘 말해요.

B: _____

정답

1 Я хорошо́ говорю́ по-коре́йски. / Ты хорошо́ говори́шь по-ру́сски? / Он о́чень хорошо́ говори́т по-ру́сски. / Она́ пло́хо говори́т по-англи́йски. / Мы о́чень пло́хо говори́м по-япо́нски. / Вы хорошо́ говори́те по-кита́йски? / Они́ отли́чно говоря́т по-англи́йски.

2 Он хорошо́ зна́ет англи́йский язы́к? / Нет, он не о́чень хорошо́ зна́ет англи́йский язы́к. / А он хорошо́ зна́ет япо́нский язы́к? / Да, он хорошо́ зна́ет япо́нский язы́к. / Как она́ говори́т по-неме́цки? / Она́ пло́хо говори́т по-неме́цки. Она́ отли́чно говори́т по-коре́йски. / Вы зна́ете ру́сский язы́к? / Да, я хорошо́ зна́ю ру́сский язы́к. / Вы говори́те по-ру́сски? / Да, я о́чень хорошо́ говорю́ по-ру́сски. / Они́ хорошо́ говоря́т по-кита́йски? / Нет, они́ о́чень пло́хо говоря́т по-кита́йски. Они́ хорошо́ говоря́т по-япо́нски.

День 18 그녀는 러시아어로 잘 이해합니다.

2단계 Дата:　　．　　．

학습목표: 오늘은 러시아어 1식 동사를 복습하겠습니다.

1 오늘의 도전 문장

오늘의 도전 문장을 듣고 따라해 보세요.

그녀는 러시아어로 이해합니다.	Она́ понима́ет по-ру́сски.
그녀는 러시아어로 잘 이해합니다.	Она́ хорошо́ понима́ет по-ру́сски.

강의를 듣고 메모해 보세요.

2 오늘의 학습 내용

앞에서 배운 1식 동사의 어미를 떠올려 볼까요?

я	-ю	мы	-ем
ты	-ешь	вы	-ете
он / она́	-ет	они́	-ют

오늘은 понима́ть 동사를 학습하겠습니다. 역시 -ать로 끝나는 1식 동사이기 때문에 위의 규칙에 맞게 원형에서 ть를 떼고 인칭에 따라 어미를 변화시키면 됩니다. понима́ть 또한 '~언어를 이해한다'라고 표현할 땐 '~언어로'라는 부사와 함께 써야 합니다.

понима́ть 이해하다			
я	понима́ю	мы	понима́ем
ты	понима́ешь	вы	понима́ете
он / она́	понима́ет	они́	понима́ют

강의를 듣고 메모해 보세요.

나는 이해한다.	Я понима́ю.
너는 이해하니?	Ты понима́ешь?
그들은 이해한다.	Они́ понима́ют.

너는 러시아어로 이해하니?	Ты понима́ешь по-ру́сски?
나는 러시아어로 이해합니다.	Я понима́ю по-ру́сски.
우리는 러시아어로 이해합니다.	Мы понима́ем по-ру́сски.

너는 한국어로 잘 이해하니?	Ты хорошо́ понима́ешь по-коре́йски?
저는 한국어로 잘 이해합니다.	Я хорошо́ понима́ю по-коре́йски.
저는 한국어로 아주 잘 이해합니다.	Я о́чень хорошо́ понима́ю по-коре́йски.
저는 한국어로 훌륭하게 이해합니다.	Я отли́чно понима́ю по-коре́йски.

그는 일본어로 이해합니까?	Он понима́ет по-япо́нски?
그는 일본어로 서투르게 이해합니다.	Он пло́хо понима́ет по-япо́нски.
그는 일본어로 아주 서투르게 이해합니다.	Он о́чень пло́хо понима́ет по-япо́нски.

★ 한국어로는 '러시아어를'이라고 쓰지만 러시아어로 쓸 때는 '러시아어로'라는 부사로 써야 한다는 점을 꼭 기억하세요!

Упражнения 연습 문제

1 동사의 인칭 변화에 주의하며 러시아어로 문장을 써 보세요.

나는 한국어로 이해합니다.
_____

너는 러시아어로 이해하니?
_____

그는 중국어로 이해합니다.
_____

그녀는 영어로 이해합니다.
_____

우리는 러시아어로 이해합니다.
_____

당신은 일본어로 이해하십니까?
_____

그들은 독일어로 이해합니다.
_____

2 한국어 뜻을 보고 러시아어로 빈칸을 채워 보세요.

그들은 러시아어로 서투르게 이해합니다.

Они́ пло́хо _____ по-ру́сски.

나는 러시아어를 잘 알아, 그래서 잘 이해해. ★ 그래서 поэ́тому

Я хорошо́ зна́ю ру́сский язы́к, поэ́тому _____.

그녀는 독일어로 아주 잘 이해합니다.

Она́ _____.

너는 한국어로 잘 이해하니?

_____?

우리는 중국어로 훌륭하게 이해합니다.

Мы _____.

3 배운 내용을 떠올리며 한국어 뜻을 보고 러시아어를 써서 대화를 완성해 보세요.

A: 너는 한국어를 아니?

A: _____

B: 응, 나는 한국어를 알아.

B: _____

A: 너는 한국어로 잘 이해하니?

A: _____

B: 응, 나는 한국어로 잘 이해해.

B: _____

A: 그녀는 러시아어로 이해하나요?

A: _____

B: 네, 그녀는 러시아어로 훌륭하게 이해합니다.

B: _____

정답

1 Я понима́ю по-коре́йски. / Ты понима́ешь по-ру́сски? / Он понима́ет по-кита́йски. / Она́ понима́ет по-англи́йски. / Мы понима́ем по-ру́сски. / Вы понима́ете по-япо́нски? / Они́ понима́ют по-неме́цки.

2 понима́ют / хорошо́ понима́ю по-ру́сски. / о́чень хорошо́ понима́ет по-неме́цки. / Ты хорошо́ понима́ешь по-коре́йски / отли́чно понима́ем по-кита́йски.

3 Ты зна́ешь коре́йский язы́к? / Да, я зна́ю коре́йский язы́к. / Ты хорошо́ понима́ешь по-коре́йски? / Да, я хорошо́ понима́ю по-коре́йски. / Она́ понима́ет по-ру́сски? / Да, она́ отли́чно понима́ет по-ру́сски.

День 19. 저녁에 나는 집에서 TV를 봅니다.

2단계 Дата: . .

학습목표 오늘은 러시아어 2식 동사를 복습하고 시간 표현을 배우겠습니다.

1 오늘의 도전 문장

오늘의 도전 문장을 듣고 따라해 보세요.

| 저녁에 너는 무엇을 하니? | Что ты де́лаешь ве́чером? |
| 저녁에 나는 집에서 TV를 봅니다. | Ве́чером я смотрю́ телеви́зор до́ма. |

Заметки

강의를 듣고 메모해 보세요.

2 오늘의 학습 내용

앞에서 배운 2식 동사의 어미를 떠올려 볼까요?

я	-ю	мы	-им
ты	-ишь	вы	-ите
он / она́	-ит	они́	-ят

오늘은 'смотре́ть 보다' 동사를 학습하겠습니다. -еть로 끝나는 2식 동사이기 때문에 위의 규칙에 맞게 원형에서 -еть를 떼고 인칭에 따라 어미를 변화시키면 됩니다. 이 동사는 강세가 인칭에 따라 달라지니 강세 또한 주의해서 기억해야 합니다.

смотре́ть 보다

я	смотрю́	мы	смо́трим
ты	смо́тришь	вы	смо́трите
он / она́	смо́трит	они́	смо́трят

★ смотре́ть 동사는 현재형 변화에서 강세의 위치가 바뀌기 때문에 정확하게 기억하세요!

예문

나는 TV를 봅니다.	Я смотрю́ телеви́зор.
그는 TV를 보니?	Он смо́трит телеви́зор?
우리는 TV를 봅니다.	Мы смо́трим телеви́зор.

이번에는 시간을 나타내는 단어를 알아보겠습니다. 먼저 '언제'를 뜻하는 의문사 **когда́**는 일반적으로 의문문에서 문장 제일 앞에 씁니다. 아래 표에 있는 '아침에, 낮에, 저녁에, 밤에'를 뜻하는 각 단어는 명사가 조격으로 격 변화한 상태입니다. 이 내용은 뒤에서(День 59) 자세히 배울 예정이니 지금은 전치사 없이 한 단어로 시간을 표현할 수 있다는 정도만 기억합시다.

Заметки

강의를 듣고 메모해 보세요.

когда́ 언제	
아침에	у́тром
낮에	днём
저녁에	ве́чером
밤에	но́чью

예문

아침에 나는 TV를 봅니다.	У́тром я смотрю́ телеви́зор.
낮에 나는 TV를 봅니다.	Днём я смотрю́ телеви́зор.
저녁에 나는 TV를 봅니다.	Ве́чером я смотрю́ телеви́зор.
밤에 나는 TV를 봅니다.	Но́чью я смотрю́ телеви́зор.
아침에 나는 영화를 봅니다.	У́тром я смотрю́ фильм.
낮에 나는 영화를 봅니다.	Днём я смотрю́ фильм.
저녁에 나는 영화를 봅니다.	Ве́чером я смотрю́ фильм.
밤에 나는 영화를 봅니다.	Но́чью я смотрю́ фильм.

Упражнения 연습 문제

1 보기의 단어를 활용하여 동사의 인칭 변화에 주의하며 러시아어로 문장을 써 보세요.

> **보기**
> TV телеви́зор 영화 фильм 발레 бале́т 연극, 공연 спекта́кль

나는 영화를 봅니다.

_____

너는 무엇을 보니?

_____

그는 발레를 봅니다.

_____

그녀는 TV를 봅니다.

_____

우리는 공연을 봅니다.

_____

당신은 발레를 보나요?

_____

그들은 영화를 봅니다.

_____

2 보기의 단어를 활용하여 한국어 뜻을 보고 러시아어를 써서 대화를 완성해 보세요.

> **보기**
> 수업 уро́к 시험 экза́мен 회의 собра́ние

A: 수업 언제니?

A: _____

B: 낮에 있어.

B: _____

A: 너의 시험은 언제야?

A: _____

День 19 | 3

B: 아침이야.

B: _____

A: 회의는 언제니?

A: _____

B: 저녁에 있어(저녁이야).

B: _____

3 배운 내용을 떠올리며 한국어 뜻을 보고 러시아어를 써서 대화를 완성해 보세요.

A: 당신은 집에서 무엇을 보시나요?

A: _____

B: 저는 집에서 영화를 봐요.

B: _____

A: 그들은 낮에 공연을 보나요?

A: _____

B: 아니요, 그들은 저녁에 공연을 봐요.

B: _____

A: 너희는 무엇을 보니?

A: _____

B: 우리는 발레를 봐.

B: _____

정답

1 Я смотрю фильм. / Что ты смотришь? / Он смотрит балет. / Она смотрит телевизор. / Мы смотрим спектакль. / Вы смотрите балет? / Они смотрят фильм.

2 Когда урок? / Днём. / Когда твой экзамен? / Утром. / Когда собрание? / Вечером.

3 Что вы смотрите дома? / Дома я смотрю фильм. / Они смотрят спектакль днём? / Нет, они смотрят спектакль вечером. / Что вы смотрите? / Мы смотрим балет.

День 20 나는 한국인이에요.

2단계　Дата:

학습목표: 오늘은 연습문제를 통해 1, 2단계에서 배운 내용을 총 정리해 보겠습니다.

1 다음 중 밑줄 친 알파벳의 발음이 다른 하나는?

1. р<u>е</u>ка
2. студ<u>е</u>нт
3. уч<u>е</u>бник
4. Кор<u>е</u>я

2 다음 중 밑줄 친 알파벳의 발음이 다른 하나는?

1. су<u>п</u>
2. хле<u>б</u>
3. <u>б</u>иблиоте́ка
4. ду<u>б</u>

3 다음 중 명사의 성이 다른 하나는?

1. ночь
2. дочь
3. день
4. мать

Заметки
강의를 듣고 메모해 보세요.

4 다음 중 소유 대명사와 명사의 연결이 올바른 것은?

1. на́ша па́па

2. моя́ де́душка

3. моё брат

4. твоя́ подру́га

5 다음 중 형용사와 명사의 연결이 올바르지 않은 것은?

1. больша́я страна́

2. краси́вый ночь

3. дома́шнее зада́ние

4. золото́й век

6 한국어 뜻을 보고 러시아어로 문장을 써 보세요.

이것은 무엇입니까?
___

이것은 우리의 대학교입니다.
___

이 사람들은 누구입니까?
___

이 사람들은 나의 할아버지와 할머니입니다.
___

7 한국어 뜻을 보고 러시아어로 문장을 써 보세요.

나는 한국인입니다. (남)
_____

그는 러시아인입니다.
_____

그는 기자입니다.
_____

그녀는 운동선수입니다.
_____

8 1식 동사 변형 어미를 떠올리며 표를 채워 보세요.

я	
ты	
он / онá	
мы	
вы	
они́	

9 2식 동사 변형 어미를 떠올리며 표를 채워 보세요.

я	
ты	
он / онá	
мы	
вы	
они́	

10 한국어 뜻을 보고 러시아어로 대화를 완성해 보세요.

A: 당신의 집은 어디에 있나요?

A: _____

B: 나의 집은 저기에 있어요.

B: _____

A: 너는 러시아어를 아니?

A: _____

B: 응, 나는 러시아어로 훌륭하게 이해해.

B: _____

A: 그는 집에 있나요?

A: _____

B: 네, 그는 집에서 TV를 봐요.

B: _____

정답

1 1. река́
2 3. библиоте́ка
3 3. день
4 4. твоя́ подру́га
5 2. краси́вый ночь
6 Что э́то? / Э́то наш университе́т. / Кто э́то? / Э́то мой де́душка и моя́ ба́бушка.
7 Я коре́ец. / Он ру́сский. / Он журнали́ст. / Она́ спортсме́нка.
8 -ю / -ешь / -ет / -ем / -ете / -ют
9 -ю / -ишь / -ит / -им / -ите / -ят
10 Где ваш дом? / Мой дом там. / Ты зна́ешь ру́сский язы́к? / Да, я отли́чно понима́ю по-ру́сски. / Он до́ма? / Да, он смо́трит телеви́зор до́ма.

День 20 | 4

День 21 이것은 큰 책상입니다.

3단계 Дата: . .

학습목표 오늘은 앞에서 배운 러시아어 명사와 형용사의 성에 대해 복습해 보겠습니다.

1 오늘의 도전 문장

오늘의 도전 문장을 듣고 따라해 보세요.

| 이것은 큰 책상입니다. | Это большо́й стол. |
| 이것은 오래된 건물입니다. | Это ста́рое зда́ние. |

2 오늘의 학습 내용

앞에서 배운 러시아어 명사의 성 어미를 기억하시나요? 러시아어 명사의 성은 남성, 여성, 중성 3가지로 구분합니다. 어미를 통해 명사의 성을 파악할 수 있으며 이 성 구분은 생물학적 성별과는 상관없는 문법적인 규칙입니다. 명사의 성을 알고 있어야 각 문법에 알맞은 격 변화를 할 수 있습니다. 각 성의 어미를 떠올려 볼까요?

남성	여성	중성
-자음	-а	-о
-й	-я	-е
-ь	-ь	-мя

남성	여성	중성
стол	ма́ма	окно́
музе́й	семья́	мо́ре
день	ночь	и́мя

Заметки

강의를 듣고 메모해 보세요.

명사를 수식하는 형용사는 명사와 마찬가지로 남성, 여성, 중성으로 구분합니다. 수식을 받는 명사와 수식하는 형용사의 성은 반드시 일치해야 합니다. 각 성에 따른 형용사의 어미를 떠올려 봅시다.

남성	여성	중성
-ый	-ая	-ое
-ой	-яя	-ее
-ий		

남성	여성	중성
но́вый	но́вая	но́вое
большо́й	больша́я	большо́е
ру́сский	ру́сская	ру́сское
си́ний	си́няя	си́нее

Заметки

강의를 듣고 메모해 보세요.

예문

이것은 새로운 책상입니다.	Э́то но́вый стол.
이것은 러시아 박물관입니다.	Э́то Ру́сский музе́й.
이것은 파란 바다입니다.	Э́то си́нее мо́ре.
이것은 커다란 창문입니다.	Э́то большо́е окно́.
이것은 파란 치마입니다.	Э́то си́няя ю́бка.

★ Ру́сский музе́й는 상트 페테르부르크에 있는 박물관으로 고유명사이기 때문에 대문자로 씁니다.

Упражнения 연습 문제

1 다음 단어를 보고 성을 구분하여 알맞게 적어 보세요.

Коре́я, Сеу́л, и́мя, зада́ние, ру́чка, шко́ла, банк, журнали́ст, окно́, телефо́н, зе́ркало, мо́ре, жизнь, стул

남성	
여성	
중성	

2 명사를 보고 성에 맞게 형용사를 넣어 한국어를 러시아어로 바꿔 보세요.

| го́род 도시 | 커다란 도시 |
| | |

| зда́ние 건물 | 오래된 건물 |
| | |

| су́мка 가방 | 새 가방 |
| | |

| каранда́ш 연필 | 빨간 연필 |
| | |

| язы́к 언어 | 독일어 |
| | |

| а́дрес 주소 | 집 주소 |
| | |

3 배운 내용을 떠올리며 한국어 뜻을 보고 러시아어로 빈칸을 채워 보세요.

나는 러시아어를 알아요.

Я зна́ю _____ .

이것은 오래된 건물입니다.

Э́то _____ .

День 21

러시아는 커다란 나라입니다.

Россия – это _____.

그는 어떤 사람인가요?

_____ он _____?

내 가족은 대가족이에요.

Моя _____.

4 배운 내용을 떠올리며 한국어 뜻을 보고 대화를 완성해 보세요.

A: 당신은 어떤 언어를 아시나요?

A: _____

B: 저는 한국어를 알아요.

B: _____

A: 이것은 어떤 와인입니까?

A: _____

B: 이것은 화이트 와인입니다.

B: _____

A: 이것은 어떤 광장인가요?

A: _____

B: 이것은 붉은 광장이에요.

B: _____

정답

1 남성: Сеу́л, банк, журнали́ст, телефо́н, стул
여성: Коре́я, ру́чка, шко́ла, жизнь
중성: и́мя, зада́ние, окно́, зе́ркало, мо́ре

2 большо́й го́род / ста́рое зда́ние / но́вая су́мка / кра́сный каранда́ш / неме́цкий язы́к / дома́шний а́дрес

3 ру́сский язы́к / ста́рое зда́ние / больша́я страна́ / Како́й челове́к / семья́ больша́я

4 Како́й язы́к вы зна́ете? / Я зна́ю коре́йский язы́к. / Како́е э́то вино́? / Э́то бе́лое вино́. / Кака́я э́то пло́щадь? / Э́то Кра́сная пло́щадь.

День 22 **이 사람들은 누구의 가족이니?**

3단계 Дата:

학습 목표: 오늘은 앞에서 배운 러시아어 소유 대명사와 부사에 대해 복습해 보겠습니다.

1 오늘의 도전 문장

오늘의 도전 문장을 듣고 따라해 보세요.

이 사람들은 누구의 가족이니?	Чья э́то семья́?
한국은 오른쪽에 있어요.	Коре́я спра́ва.

Заметки
강의를 듣고 메모해 보세요.

2 오늘의 학습 내용

앞에서 배운 소유 대명사와 소유 의문사를 떠올려 볼까요? 남성, 여성, 중성 3가지 성이 존재하며 뒤에 오는 명사와 성을 일치시켜야 하는 점 꼭 기억하세요!

	남성	여성	중성
누구의	чей	чья	чьё
나의	мой	моя́	моё
너의	твой	твоя́	твоё
우리의	наш	на́ша	на́ше
당신 / 너희의	ваш	ва́ша	ва́ше
그의, 그녀의, 그들의	его́ / её / их		

★ '그의, 그녀의, 그들의'를 뜻하는 3인칭 소유 대명사는 성을 구분하지 않기 때문에 수식하는 명사의 성이 무엇이든 하나의 형태로 사용합니다.

예문

이 사람은 나의 남편입니다.	Э́то мой муж.
이 사람은 너의 아들이니?	Э́то твой сын?
이것은 우리의 학교입니다.	Э́то на́ша шко́ла.
이것은 당신의 가방입니까?	Э́то ва́ша су́мка?

러시아어 부사는 서술어의 역할을 하기도 하며 격 변화하지 않는 것이 특징이었습니다. 앞에서 배운 부사는 어떤 것들이 있었는지 떠올려 볼까요?

강의를 듣고 메모해 보세요.

<장소를 나타내는 부사>

여기에	здесь
저기에	там
집에	до́ма
왼쪽에	сле́ва
오른쪽에	спра́ва
멀리	далеко́
가까이	бли́зко

은행은 어디에 있나요?	Где банк?
은행은 오른쪽에 있어요.	Банк спра́ва.

<상태를 나타내는 부사>

좋게, 잘	хорошо́
나쁘게, 서투르게	пло́хо
훌륭하게	отли́чно
아주, 매우	о́чень

그는 러시아어를 잘 압니다.	Он хорошо́ зна́ет ру́сский язы́к.
우리는 러시아어로 서투르게 말합니다.	Мы пло́хо говори́м по-ру́сски.

Упражнения 연습 문제

1 빈칸에 알맞은 소유 대명사를 넣어 문장을 완성해 보세요.

이 사람은 나의 친구입니다.

Э́то _____ друг.

이 사람은 우리 선생님입니다.

Э́то _____ учи́тель.

여기가 너의 학교니?

Здесь _____ шко́ла?

이 사람은 그녀의 딸입니다.

Э́то _____ дочь.

이것은 누구의 공책인가요?

_____ э́то тетра́дь?

2 배운 내용을 떠올리며 한국어 뜻을 보고 러시아어로 빈칸을 채워 보세요.

러시아는 왼쪽에 있어요.

Росси́я _____ .

약국은 멀어요.

Апте́ка _____ .

그는 한국어로 잘 이해해요.

Он _____ понима́ет по-коре́йски.

우리는 러시아어로 훌륭하게 말해요.

Мы _____ говори́м по-ру́сски.

그들은 영어를 서투르게 알아요.

Они́ _____ зна́ют англи́йский язы́к.

3 배운 내용을 떠올리며 한국어 뜻을 보고 대화를 완성해 보세요.

A: 너의 학교는 어디야?

A: _____

B: 나의 학교는 저기에 있어.

B: _____

A: 이 사람들은 누구의 가족이니?

A: _____

B: 이 사람들은 나의 가족이야.

B: _____

A: 이것은 당신의 교과서인가요?

A: _____

B: 아니요, 이것은 그의 교과서예요.

B: _____

A: 당신은 한국어를 잘 알아요?

A: _____

B: 아니요, 저는 한국어를 서투르게 알아요.

B: _____

정답

1 мой / наш / твоя́ / её / Чья
2 сле́ва / далеко́ / хорошо́ / отли́чно / пло́хо
3 Где твоя́ шко́ла? / Моя́ шко́ла там. / Чья э́то семья́? / Э́то моя́ семья́. / Э́то ваш уче́бник? / Нет, э́то его́ уче́бник. / Вы хорошо́ зна́ете коре́йский язы́к? / Нет, я пло́хо зна́ю коре́йский язы́к.

День 22 | 4

День 23 — 나는 숙제를 합니다.

3단계 Дата: . .

학습목표 오늘은 앞에서 배운 러시아어 1식, 2식 동사에 대해 복습해 보겠습니다.

1 오늘의 도전 문장

오늘의 도전 문장을 듣고 따라해 보세요.

너는 무엇을 하니?	Что ты де́лаешь?
나는 숙제를 합니다.	Я де́лаю дома́шнее зада́ние.

강의를 듣고 메모해 보세요.

2 오늘의 학습 내용

러시아어 동사는 크게 1식과 2식으로 나눌 수 있습니다. 동사 원형에서 1식 동사는 -ать, -ять 2식 동사는 -ить, -еть의 어미를 갖습니다. 앞에서 배운 1식, 2식 동사의 어미를 떠올려 볼까요?

<1식 동사>

де́лать 하다			
знать 알다			
понима́ть 이해하다			
я	-ю	мы	-ем
ты	-ешь	вы	-ете
он / она́	-ет	они́	-ют

예문

당신은 지금 무엇을 하십니까?	Что вы де́лаете сейча́с?
그들은 숙제를 합니다.	Они́ де́лают дома́шнее зада́ние.
그는 중국어를 압니까?	Он зна́ет кита́йский язы́к?
우리는 영어를 잘 압니다.	Мы хорошо́ зна́ем англи́йский язы́к.
나는 러시아어로 잘 이해합니다.	Я хорошо́ понима́ю по-ру́сски.

<2식 동사>

говори́ть 말하다			
смотре́ть 보다			
я	-ю	мы	-им
ты	-ишь	вы	-ите
он / она́	-ит	они́	-ят

예문

너는 러시아어로 말하니?	Ты говори́шь по-ру́сски?
그녀는 러시아어로 서투르게 말합니다.	Она́ пло́хо говори́т по-ру́сски.
나는 러시아어로 훌륭하게 말합니다.	Я отли́чно говорю́ по-ру́сски.
그들은 무엇을 봅니까?	Что они́ смо́трят?
너희는 집에서 TV를 보니?	Вы смо́трите телеви́зор до́ма?
우리는 러시아 발레를 봅니다.	Мы смо́трим ру́сский бале́т.

Заметки

강의를 듣고 메모해 보세요.

Упражнения 연습 문제

1 동사의 인칭 변화에 주의하며 러시아어로 문장을 써 보세요.

나는 숙제를 합니다.
_____

너는 무엇을 하니?
_____

그는 러시아어를 압니다.
_____

그녀는 영어를 압니까?
_____

우리는 러시아어를 아주 잘 알아요.
_____

당신은 러시아어로 이해하나요?
_____

그들은 한국어로 훌륭하게 이해합니다.
_____

2 동사의 인칭 변화에 주의하며 러시아어로 문장을 써 보세요.

나는 러시아어로 서투르게 말해요.
_____

너는 러시아어로 잘 말하니?
_____

그는 집에서 영화를 봅니다.
_____

그녀는 TV를 보나요?
_____

우리는 영어로 잘 말해요.
_____

3 배운 내용을 떠올리며 한국어 뜻을 보고 대화를 완성해 보세요.

A: 너 뭐 하니?

A: _____

B: 나는 숙제를 해.

B: _____

A: 그녀는 집에 있니?

A: _____

B: 응, 그녀는 집에서 영화를 봐.

B: _____

A: 당신은 한국어를 아나요?

A: _____

B: 네, 저는 한국어를 아주 잘 알아요.

B: _____

A: 너는 러시아어로 이해하니?

A: _____

B: 아니, 나는 러시아어로 이해하지 못해.

B: _____

정답

1 Я де́лаю дома́шнее зада́ние. / Что ты де́лаешь? / Он зна́ет ру́сский язы́к. / Она́ зна́ет англи́йский язы́к? / Мы о́чень хорошо́ зна́ем ру́сский язы́к. / Вы понима́ете по-ру́сски? / Они́ отли́чно понима́ют по-коре́йски.

2 Я пло́хо говорю́ по-ру́сски. / Ты хорошо́ говори́шь по-ру́сски? / Он смо́трит фильм до́ма. / Она́ смо́трит телеви́зор? / Мы хорошо́ говори́м по-англи́йски.

3 Что ты де́лаешь? / Я де́лаю дома́шнее зада́ние. / Она́ до́ма? / Да, она́ смо́трит фильм до́ма. / Вы зна́ете коре́йский язы́к? / Да, я о́чень хорошо́ зна́ю коре́йский язы́к. / Ты понима́ешь по-ру́сски? / Нет, я не понима́ю по-ру́сски.

День 24 우리는 운동선수들입니다.

3단계 Дата:

오늘은 러시아어 명사의 복수에 대해 학습하겠습니다.

1 오늘의 도전 문장

오늘의 도전 문장을 듣고 따라해 보세요.

| 우리는 운동선수들입니다. | Мы спортсме́ны. |
| 이것들은 역들입니다. | Э́то ста́нции. |

강의를 듣고 메모해 보세요.

2 오늘의 학습 내용

러시아어 명사 단수형을 복수형으로 만들기 위해서는 원형에서 어미를 바꿔야 합니다. 우선 각 성의 어미를 떠올려 볼까요?

남성	여성	중성
-자음	-а	-о
-й	-я	-е
-ь	-ь	-мя

먼저 남성에서 자음으로 끝나는 명사는 단어의 끝에 ы를 붙여 주고 й, ь로 끝나는 명사는 각각 й, ь를 지우고 и를 붙입니다. 예시를 통해 알아보겠습니다.

남성		
-자음 + ы	-й → и	-ь → и
책상	박물관	사전
стол → столы́	музе́й → музе́и	слова́рь → словари́

여성은 а로 끝나는 명사는 а를 지우고 ы를 붙이고, я와 ь로 끝나는 명사는 각각 я와 ь를 지우고 и를 붙입니다.

강의를 듣고 메모해 보세요.

여성		
-а → ы	-я → и	-ь → и
전등 ла́мпа → ла́мпы	역 ста́нция → ста́нции	문 дверь → две́ри

중성은 о로 끝나는 명사는 о를 지우고 а를 붙이고, е로 끝나는 명사는 е를 지우고 я를 붙입니다. мя로 끝나는 명사는 мя를 지우고 мена를 붙입니다. 중성 명사는 복수형에서 대부분 강세가 변하기 때문에 강세와 함께 기억하는 것이 좋습니다.

중성		
-о → а	-е → я	-мя → мена
창문 окно́ → о́кна	바다 мо́ре → моря́	이름 и́мя → имена́

Упражнения 연습 문제

1 다음 명사를 복수형으로 바꿔 보세요.

책상 стол	
영웅, 주인공 герóй	
축제 фестивáль	
꽃병 вáза	
기사 статья́	
공책 тетрáдь	
단어 слóво	
들판 пóле	
시간 врéмя	

2 다음 중 복수형이 <u>틀린</u> 것을 고르세요.

1. календарь – календари
2. семья - семена
3. зонт - зонты
4. ночь - ночи

3 다음 주어진 보기를 활용하여 한국어 뜻을 보고 러시아어로 문장을 써 보세요.

> **보기**
> 원피스 плáтье   구름 óблако   대학생 студéнт   영웅, 주인공 герóй

이것은 원피스입니다. (복수형으로)

___

이것은 구름이에요? (복수형으로)

___

우리는 대학생들(남)입니다.

___

그들은 영웅이에요.

___

4 한국어 뜻을 보고 러시아어로 대화를 완성해 보세요.

A: 이 사람들은 누구입니까?

A: _____

B: 이 사람들은 운동선수들입니다.

B: _____

A: 이것은 무엇입니까?

A: _____

B: 이것은 장미예요. (복수형으로)   ★ 장미 ро́за

B: _____

5 배운 내용을 떠올리며 복수형 어미를 적어 보세요.

남성	여성	중성

정답
1. столы́ / геро́и / фестива́ли / ва́зы / статьи́ / тетра́ди / слова́ / поля́ / времена́
2. 2. семья - семена
3. Это пла́тья. / Э́то облака́? / Мы студе́нты. / Они́ геро́и.
4. Кто э́то? / Э́то спортсме́ны. / Что э́то? / Э́то ро́зы.
5. 남성: -ы, -и, -и / 여성: -ы, -и, -и / 중성: -а, -я, -мена

День 25 이 사람들은 친구들입니다.

3단계 Дата: . .

오늘은 러시아어 명사의 복수 불규칙에 대해 학습하겠습니다.

1 오늘의 도전 문장

오늘의 도전 문장을 듣고 따라해 보세요.

| 이 사람들은 친구들입니다. | Э́то друзья́. |
| 너희는 친구니? | Вы друзья́? |

Заметки

강의를 듣고 메모해 보세요.

2 오늘의 학습 내용

지난 시간에 배운 명사 복수형 어미를 떠올려 볼까요?

남성	여성	중성
-자음 + ы	-a → ы	-o → a
-й → и	-я → и	-e → я
-ь → и	-ь → и	-мя → мена

오늘은 위의 명사 복수형 어미와 다른 불규칙 형태를 학습하겠습니다. 형용사 어미 학습할 때 익힌 철자 규칙 기억하시나요? 러시아어 г, к, х, ж, ч, ш, щ 뒤에는 모음 ы가 올 수 없기 때문에 и를 써야 하는 규칙인데요. 예를 들면 명사 '은행 банк'는 자음으로 끝나기 때문에 복수형을 만들기 위해서는 단어 끝에 ы를 붙여야 할 것 같지만 철자 규칙이 적용되어 ба́нки가 됩니다. 이 규칙이 쓰이는 또 다른 불규칙 복수형 단어를 알아볼까요?

예시

깃발	флаг → фла́ги
책	кни́га → кни́ги
대학생(여)	студе́нтка → студе́нтки
칼	нож → ножи́

이번에는 명사 복수형의 특수 형태에 대해 알아보겠습니다. 먼저 중성 명사가 아님에도 복수형 어미가 а(я)로 바뀌는 명사들이 있습니다. '집 дом'과 '도시 го́род'인데요. 이 두 명사는 자음으로 끝나는 남성 명사지만 복수형에서 ы를 붙이는 것이 아니라 각각 дома́, города́로 바뀌어 어미가 а가 됩니다. 간혹 я로 바뀌는 명사도 있습니다. 이때 강세는 어미 а(я)에 옵니다. 특히 до́ма는 '집에'를 뜻하고 дома́는 '집'의 복수형이기 때문에 강세에 유의해서 발음해야 합니다.

또 다른 형태는 어미가 ья로 바뀌는 명사입니다. 대표적으로 '형제 брат', '친구 друг'가 있습니다. 이 두 명사 또한 특수형으로 각각 бра́тья와 друзья́로 바뀝니다.

전혀 다른 형태로 변하는 명사도 있는데요. 바로 '사람 челове́к'과 '아이 ребёнок'입니다. 복수형은 각각 лю́ди, де́ти로 변하는데 특수형이기 때문에 반드시 외워야 합니다.

강의를 듣고 메모해 보세요.

숲	лес → леса́
기차	по́езд → поезда́
선생님	учи́тель → учителя́
의자	стул → сту́лья
아들	сын → сыновья́

★ 아들 복수형 сыновья́는 в가 추가된 형태로 주의해서 꼭 기억합시다.

Упражнения 연습 문제

1 다음 명사를 복수형으로 바꿔 보세요.

의사 врач	
숟가락 ло́жка	
가방 су́мка	
공 мяч	
종이 бума́га	

2 다음 중 복수형이 <u>틀린</u> 것을 고르세요.

1. дом - домы
2. поезд - поезда
3. флаг - флаги
4. волк - волки

3 다음 중 복수형이 <u>맞는</u> 것을 고르세요.

1. книга - книгы
2. урок - урокы
3. стул - стулы
4. человек - люди

4 다음 주어진 보기를 활용하여 한국어 뜻을 보고 러시아어로 빈칸을 채워 보세요.

> **보기**
> 책 кни́га 기자(여) журнали́стка 운동선수(여) спортсме́нка 집에 до́ма

이것은 책입니다. (복수형으로)

그들은 기자(여)입니다.

너희는 운동선수들(여)이니?

이것은 집입니다. (복수형으로)

_____

아이들은 집에 있니?

_____

5 한국어 뜻을 보고 러시아어로 대화를 완성해 보세요.

A: 너희는 친구니?

A: _____

B: 응, 우리는 친구야.

B: _____

A: 이 사람들은 누구입니까?

A: _____

B: 이 사람들은 대학생들(여)입니다.

B: _____

A: 이것은 무엇입니까?

A: _____

B: 이것은 의자들입니다.

B: _____

정답
1 врачи́ / ло́жки / су́мки / мячи́ / бума́ги
2 1. дом - дома́
3 4. челове́к – лю́ди
4 Э́то кни́ги. / Они́ журнали́стки. / Вы спортсме́нки? / Э́то дома́. / Де́ти до́ма?
5 Вы друзья́? / Да, мы друзья́. / Кто э́то? / Э́то студе́нтки. / Что э́то? / Э́то сту́лья.

День 26 이것은 러시아의 기념품입니다.

MP3-26 | 3단계 | Дата:

오늘은 러시아어 형용사의 복수형을 학습하겠습니다.

1 오늘의 도전 문장

오늘의 도전 문장을 듣고 따라해 보세요.

| 이것은 러시아의 기념품입니다. | Это ру́сские сувени́ры. |
| 당신은 어떤 언어들을 아시나요? | Каки́е языки́ вы зна́ете? |

Заметки

강의를 듣고 메모해 보세요.

2 오늘의 학습 내용

앞서 우리는 형용사는 명사를 수식하는 역할을 하기 때문에 명사에 따라 형용사의 성, 수를 일치시켜야 한다고 배웠습니다. 따라서 복수 명사가 오면 형용사도 복수형으로 써야 하는데 이때 명사의 성과 관계없이 어미는 -ые 혹은 -ие입니다.

먼저 그동안 배운 형용사의 복수형을 알아볼까요?

	남성	여성	중성	복수
아름다운	краси́вый	краси́вая	краси́вое	краси́вые
새로운	но́вый	но́вая	но́вое	но́вые
커다란	большо́й	больша́я	большо́е	больши́е
어떤	како́й	кака́я	како́е	каки́е
러시아의	ру́сский	ру́сская	ру́сское	ру́сские
한국의	коре́йский	коре́йская	коре́йское	коре́йские
파란	си́ний	си́няя	си́нее	си́ние
집의	дома́шний	дома́шняя	дома́шнее	дома́шние

★ '러시아의'의 복수형 ру́сские는 러시아인들을 뜻하기도 합니다.

예문

푸른 눈	си́ние глаза́
이것은 파란 꽃입니다. (복)	Э́то си́ние цветы́.
새로운 교과서들	но́вые уче́бники
새로운 안경	но́вые очки́
그들은 러시아의 대학생들입니다. (남)	Они́ ру́сские студе́нты.
우리는 러시아의 영화들을 봅니다.	Мы смо́трим ру́сские фи́льмы.
우리는 한국의 대학생들입니다. (여)	Мы коре́йские студе́нтки.
그들은 한국의 기자들입니다. (남)	Они́ коре́йские журнали́сты.
이것은 어떤 과목들이에요?	Каки́е э́то предме́ты?
당신은 어떤 언어들을 아시나요?	Каки́е языки́ вы зна́ете?
이것은 대도시입니다. (복)	Э́то больши́е города́.
이것은 아름다운 꽃입니다. (복)	Э́то краси́вые цветы́.
이것은 어떤 기념품이에요? (복)	Каки́е э́то сувени́ры?

 Заметки

강의를 듣고 메모해 보세요.

★ '안경 очки́'는 복수형으로만 씁니다.

Упражнения 연습 문제

1 한국어를 보고 알맞은 형용사를 넣어 복수형으로 바꿔 보세요.

шко́ла 학교	커다란 학교

язы́к 언어	어떤 언어

реце́пт 레시피	집의 레시피 (홈 레시피)

пе́сня 노래	러시아의 노래

карти́нка 그림(삽화)	아름다운 삽화

2 다음 주어진 보기를 활용하여 한글 뜻을 보고 러시아어로 빈칸을 채워 보세요.

> **보기**
> 기념품 сувени́р 오래된 ста́рый 건물 зда́ние 검은색 чёрный

이것은 러시아 기념품들이에요?

Э́то _____ ?

이것은 오래된 건물들입니다.

Э́то _____ .

그는 검은색 눈을 가졌다. (그의 눈은 검은색이다.)

У него́ _____ глаза́.

너는 어떤 언어를 아니?

_____ ты зна́ешь?

3 배운 내용을 떠올리며 한국어 뜻을 보고 러시아어를 써서 대화를 완성해 보세요.

A: 당신은 어떤 언어를 알아요?

A: _____

B: 저는 한국어와 러시아어를 알아요.

B: _____

A: 너는 러시아 노래를 듣니?   ★ 듣다 слушать 1식 동사

A: _____

B: 응, 나는 매일 러시아 노래를 들어.   ★ 매일 каждый день

B: _____

A: 이 사람들은 누구야?

A: _____

B: 이 사람들은 새로운 친구들이야.

B: _____

정답
1. большие школы / какие языки / домашние рецепты / русские песни / красивые картинки
2. русские сувениры / старые здания / чёрные / какие языки
3. Какие языки вы знаете? / Я знаю русский язык и корейский язык. / Ты слушаешь русские песни? / Да, я каждый день слушаю русские песни. / Кто это? / Это новые друзья.

День 26 | 4

День 27 사람들은 어디에 있니?

3단계 Дата:

학습목표 오늘은 러시아어 명사의 전치격을 학습하겠습니다.

1. 오늘의 도전 문장

오늘의 도전 문장을 듣고 따라해 보세요.

| 사람들은 어디에 있니? | Где лю́ди? |
| 그들은 운동장에 있어요. | Они́ на стадио́не. |

2. 오늘의 학습 내용

여러분 러시아어 격에 대해 들어보셨나요? 격이란 문장 속에서 명사와 다른 단어와의 관계, 역할 등을 나타내는 문법 구조입니다. 러시아어에는 여섯 가지 격이 존재합니다. 오늘은 그 중 여섯 번째 격인 전치격을 학습하겠습니다. 전치격은 대표적으로 장소를 나타낼 때 사용하며 반드시 전치사와 함께 쓰입니다. 여섯 가지 격 중 어미 변화가 가장 간단한 격입니다. 그럼 명사의 전치격 어미를 알아볼까요?

먼저 남성에서 자음으로 끝나는 명사는 단어의 끝에 e를 붙여 주고 й, ь로 끝나는 명사는 각각 й, ь를 지우고 e를 붙입니다. 예시를 통해 알아보겠습니다.

남성

-자음 + e	-й → e	-ь → e
책상	박물관	사전
стол → столе́	музе́й → музе́е	слова́рь → словаре́

여성은 a와 я로 끝나는 명사는 각각 a와 я를 지우고 e를 붙이고, ь로 끝나는 명사는 ь를 지우고 и를 붙입니다.

여성

-a → e	-я → e	-ь → и
가방	기사	광장
су́мка → су́мке	статья́ → статье́	пло́щадь → пло́щади

Заметки

강의를 듣고 메모해 보세요.

중성은 o와 e로 끝나는 명사는 각각 o와 e를 지우고 e를 붙입니다. мя로 끝나는 명사는 мя를 지우고 мени를 붙입니다.

Заметки

강의를 듣고 메모해 보세요.

중성		
-o → e	-e → e	-мя → мени
하늘 не́бо → не́бе	바다 мо́ре → мо́ре	이름 и́мя → и́мени

이번에는 장소를 나타낼 때 전치격과 함께 쓰는 전치사를 알아보겠습니다. 대표적으로 в와 на가 있는데 의미는 같지만 각각의 쓰임이 다릅니다. 두 전치사의 쓰임을 꼭 기억하여 문법에 알맞게 사용해야 합니다.

в	на
~에(서) / ~안에	~에(서) / ~위에
닫힌 공간 (행정 구역, 건물, 기관 등)	열린 공간 (자연환경, 방위, 사건, 행사 등)

예시

봉투 안에	в конве́рте
버스 안에	в авто́бусе
서울에	в Сеу́ле
모스크바에	в Москве́
책상 위에	на столе́
소파 위에	на дива́не
우체국에	на по́чте
수업에	на уро́ке

★ '우체국 по́чта', '운동장(경기장) стадио́н'은 전치사 на를 쓰는 대표적인 명사이므로 꼭 기억하세요!

Упражнения 연습 문제

1 다음 명사를 전치격으로 바꿔 보세요.

대학교 университе́т	
5월 май	
축제 фестива́ль	
방 ко́мната	
탑 ба́шня	
카잔(러시아의 도시) Каза́нь	
호수 о́зеро	
들판 по́ле	
시간 вре́мя	

2 다음 주어진 보기를 활용하여 한국어 뜻을 보고 러시아어로 문장을 써 보세요.

> **보기**
> 모스크바 Москва́ 우체국 по́чта 거리 у́лица 돈 де́ньги 봉투 конве́рт

그들은 모스크바에 있어.

___

그녀는 우체국에 있어.

___

너 밖이야? (거리에 있니?)

___

돈은 봉투 안에 있다.

___

3 한국어 뜻을 보고 러시아어로 대화를 완성해 보세요.

A: 너 어디야?

A: _____

B: 나는 도서관에 있어.   ★ 도서관 библиотéка

B: _____

A: 너 한국에 있니?

A: _____

B: 응, 나는 서울에 있어.

B: _____

A: 교과서 어디에 있니?

A: _____

B: 책상 위에 있어.

B: _____

A: 그는 집에 있니?

A: _____

B: 응, 그는 방에 있어.

B: _____

정답
1. университéте / мáе / фестивáле / кóмнате / бáшне / Казáни / óзере / пóле / врéмени
2. Онú в Москвé. / Онá на пóчте. / Ты на ýлице? / Дéньги в конвéрте.
3. Где ты? / Я в библиотéке. / Ты в Корéе? / Да, я в Сеýле. / Где учéбник? / Он на столé. / Он дóма? / Да, он в кóмнате.

День 28 나는 서울에 살아요.

3단계 Дата:

학습목표: 오늘은 전치격과 함께 쓰는 동사를 학습하겠습니다.

1. 오늘의 도전 문장

오늘의 도전 문장을 듣고 따라해 보세요.

당신은 어디에 살아요?	Где вы живёте?
나는 서울에 살아요.	Я живу́ в Сеу́ле.

Заметки

강의를 듣고 메모해 보세요.

2. 오늘의 학습 내용

지난 시간에 우리는 장소를 나타내는 전치격을 배웠습니다. 오늘은 전치격과 함께 쓰는 동사를 활용하여 문장을 만들어 보겠습니다. 여러분 1식 동사 현재형 변화 어미 기억하시나요?

я	-ю	мы	-ем
ты	-ешь	вы	-ете
он / она́	-ет	они́	-ют

전치격과 함께 쓰는 1식 동사 중에는 '일하다 рабо́тать' 동사가 있습니다. 원형에서 ть를 떼고 인칭에 맞게 위의 어미를 붙이면 됩니다. 주어에 맞게 동사 변화한 후 '~에서 일하다'라는 표현을 위해 장소 전치격을 써 주면 문장을 만들 수 있습니다.

рабо́тать 일하다			
я	рабо́таю	мы	рабо́таем
ты	рабо́таешь	вы	рабо́таете
он / она́	рабо́тает	они́	рабо́тают

예문

나는 모스크바에서 일해요.	Я рабо́таю в Москве́.
그는 어디에서 일하니?	Где он рабо́тает?
그녀는 대학교에서 일합니다.	Она́ рабо́тает в университе́те.

너는 일하니?	Ты рабо́таешь?
너는 어디에서 일하니?	Где ты рабо́таешь?
우리는 사무실에서 일해요.	Мы рабо́таем в о́фисе.
그들은 은행에서 일합니다.	Они́ рабо́тают в ба́нке.

Заметки

강의를 듣고 메모해 보세요.

전치격과 함께 쓰는 또 다른 동사를 알아볼까요? 바로 '살다 жить' 동사인데요. -ить 으로 끝나지만 1식 동사입니다. 다만 기존의 규칙과는 달리 е 대신 ё를 쓰는 특징이 있습니다. 따라서 жить 동사의 현재형 변화 어미는 주의해서 기억해야 합니다.

жить 살다			
я	живу́	мы	живём
ты	живёшь	вы	живёте
он / она́	живёт	они́	живу́т

너희는 어디에 살아?	Где вы живёте?
우리는 한국에 살아요.	Мы живём в Коре́е.
그들은 아파트에 살아요.	Они́ живу́т в кварти́ре.
너는 서울에 사니?	Ты живёшь в Сеу́ле?
나는 모스크바에 살아.	Я живу́ в Москве́.
나의 언니는 모스크바에 살아요.	Моя́ сестра́ живёт в Москве́.
학생들은 아파트에 삽니다.	Студе́нты живу́т в кварти́ре.

Упражнения 연습 문제

1 다음 주어진 보기를 활용하여 한국어 뜻을 보고 러시아어로 문장을 써 보세요.

> **보기**
> 중국 Китай 시골 деревня 공장 завод 은행 банк

나는 중국에 살아요.
_____

너는 어디에 살아?
_____

그는 한국에 사나요?
_____

우리는 시골에 살아요.
_____

당신은 공장에서 일하시나요?
_____

그들은 은행에서 일합니다.
_____

2 한국어 뜻을 보고 러시아어로 대화를 완성해 보세요.

A: 그녀는 어디에서 일해요?
A: _____

B: 그녀는 회사에서 일해요. ★ 회사 фирма
B: _____

A: 그는 학교(초중고)에서 일해요?
A: _____

B: 네, 그는 선생님이에요. ★ 선생님 учитель
B: _____

A: 당신은 어디에 살아요?

A: _____

B: 저는 모스크바에 살아요.

B: _____

A: 너는 대학생이니? (남)

A: _____

B: 아니, 나는 대학생이 아니야. 나는 대학교에서 일해.

B: _____

A: 그들은 시골에 사나요?

A: _____

B: 아니요, 그들은 도시에 살아요.

B: _____

A: 그녀는 어디에서 일해요?

A: _____

B: 그녀는 레스토랑에서 일해요. ★ 레스토랑 ресторáн

B: _____

정답

1 Я живý в Китáе. / Где ты живёшь? / Он живёт в Корéе? / Мы живём в деревне. / Вы рабóтаете на завóде? / Они́ рабóтают в бáнке.

2 Где онá рабóтает? / Онá рабóтает в фи́рме. / Он рабóтает в шкóле? / Да, он учи́тель. / Где вы живёте? / Я живý в Москвé. / Ты студéнт? / Нет, я не студéнт. Я рабóтаю в университéте. / Они́ живýт в деревне? / Нет, они́ живýт в гóроде. / Где онá рабóтает? / Онá рабóтает в ресторáне.

День 29 마샤는 러시아에서 일해요.

3단계 Дата: . .

학습목표: 오늘은 명사 전치격 복수형과 특수형을 학습하겠습니다.

1 오늘의 도전 문장

오늘의 도전 문장을 듣고 따라해 보세요.

| 너희는 러시아에 사니? | Вы живёте в Росси́и? |
| 우리는 기숙사에 살아요. | Мы живём в общежи́тии. |

Заметки 강의를 듣고 메모해 보세요.

2 오늘의 학습 내용

지난 시간에 배운 명사 전치격 어미 기억하시나요? 이번에는 특수형 어미를 알아보겠습니다. 어미가 남성형 -ий, 여성형 -ия, 중성형 -ие인 명사는 전치격에서 어미가 모두 -ии로 바뀝니다. 예시를 통해 확인해볼까요?

남성 (-ий)	여성 (-ия)	중성 (-ие)
санато́рий	Росси́я	зда́ние
→ санато́рии	→ Росси́и	→ зда́нии

 예문

할머니는 요양원에 있어요.	Ба́бушка в санато́рии.
우리는 러시아에 살아요.	Мы живём в Росси́и.
그들은 건물 안에 있어요.	Они́ в зда́нии.

이번에는 명사 전치격 복수형을 알아보겠습니다.

먼저 남성에서 자음으로 끝나는 명사는 단어의 끝에 ах를 붙이고, й, ь로 끝나는 명사는 각각 й, ь를 지우고 ях를 붙입니다. 예시를 통해 알아보겠습니다.

남성		
-자음 + ах	-й → ях	-ь → ях
도시	박물관	사전
го́род → города́х	музе́й → музе́ях	слова́рь → словаря́х

여성은 а로 끝나는 명사는 а를 지우고 ах를 붙이고, я와 ь로 끝나는 명사는 각각 я와 ь를 지우고 ях를 붙입니다.

여성		
-а → ах	-я → ях	-ь → ях
방 ко́мната → ко́мнатах	기사 статья́ → статья́х	광장 пло́щадь → площадя́х

중성은 о로 끝나는 명사는 о를 지우고 ах를, е로 끝나는 명사는 е를 지우고 ях를 붙입니다. мя로 끝나는 명사는 мя를 지우고 менах를 붙입니다.

중성		
-о → ах	-е → ях	-мя → менах
장소 ме́сто → места́х	바다 мо́ре → моря́х	이름 и́мя → имена́х

지난 시간에는 장소 표현을 하는 전치사를 배웠는데요. 이번에는 전치격과 함께 자주 쓰는 또 다른 전치사를 배워 보겠습니다. 바로 전치사 о입니다. 전치사 о는 '~에 대해, ~에 관해'라는 뜻으로 쓰이며 간혹 뒤에 오는 명사에 따라 об 혹은 обо로 쓰기도 합니다.

예문

어린 시절에 대한 주제	те́ма о де́тстве
여행에 대한 이야기	расска́з о путеше́ствии
이것은 러시아에 대한 책입니다.	Э́то кни́га о Росси́и.
역사에 대한 주제	те́ма об исто́рии
나에 대한 이야기	расска́з обо мне

★ 단어가 모음 а, э, и, о, у로 시작하면 전치사 о 대신 об를 씁니다.

Упражнения 연습 문제

1 다음 명사를 전치격 복수형으로 바꿔 보세요.

대학교 университе́т	
축제 фестива́ль	
역 ста́нция	
학교 шко́ла	
거리 у́лица	
탑 ба́шня	

2 다음 주어진 보기를 활용하여 한국어 뜻을 보고 러시아어로 문장을 써 보세요.

> **보기**
> 강의실 аудито́рия 외국인 иностра́нец 기숙사 общежи́тие 지금 сейча́с 독일 Герма́ния
> 시(복수) стихи́ 자연 приро́да 천재 ге́ний

대학생들은 강의실 안에 있다. (남)

___

외국인은 기숙사에 살아요.

___

지금 나는 독일에 있다.

___

이것은 자연에 대한 시다.

___

이것은 천재들에 대한 영화다.

___

3 한국어 뜻을 보고 러시아어로 대화를 완성해 보세요.

A: 학생들은 러시아에 살아요? (남)

A: _____

B: 네, 그들은 모스크바에 살아요.

B: _____

A: 너는 어디에서 일하니?

A: _____

B: 나는 회사에서 일해. ★ 회사 компа́ния

B: _____

A: 이건 무슨 책이에요?

A: _____

B: 이것은 전쟁에 대한 책이에요. ★ 전쟁 война́

B: _____

A: 이건 무슨 영화예요?

A: _____

B: 이건 역사에 대한 영화예요.

B: _____

정답

1 университе́тах / фестива́лях / ста́нциях / шко́лах / у́лицах / ба́шнях

2 Студе́нты в аудито́рии. / Иностра́нец живёт в общежи́тии. / Сейча́с я в Герма́нии. / Э́то стихи́ о приро́де. / Э́то фильм о ге́ниях.

3 Студе́нты живу́т в Росси́и? / Да, они́ живу́т в Москве́. / Где ты рабо́таешь? / Я рабо́таю в компа́нии. / Кака́я э́то кни́га? / Э́то кни́га о войне́. / Како́й э́то фильм? / Э́то фильм об исто́рии.

День 29 | 4

День 30 내 이름은 쏘냐입니다.

3단계 Дата: . .

오늘은 인칭 대명사의 대격과 люби́ть 동사를 학습하겠습니다.

1 오늘의 도전 문장

오늘의 도전 문장을 듣고 따라해 보세요.

| 당신의 이름은 무엇입니까? | Как вас зову́т? |
| 제 이름은 쏘냐입니다. | Меня́ зову́т Со́ня. |

Заметки

강의를 듣고 메모해 보세요.

2 오늘의 학습 내용

오늘은 네 번째 격인 대격을 학습하겠습니다. 대격은 주로 목적어를 표현할 때 사용하여 '~을(를)'로 해석되는 경우가 많습니다. 먼저 인칭 대명사의 대격을 알아보겠습니다.

	주격	대격
나	я	меня́
너	ты	тебя́
그 / 그녀	он / она́	его́ / её
우리	мы	нас
너희 / 당신	вы	вас
그들	они́	их

러시아어에서는 이름을 묻고 답할 때 '당신을 어떻게 부릅니까?', '나를 ~(이)라고 부릅니다.'라는 표현을 사용합니다. 이때 부르는 주체인 '사람들'은 누구인지 중요하지 않으며 생략한 채 사용합니다. 따라서 동사는 3인칭 복수형으로 씁니다.

예문

| 당신을 어떻게 부릅니까? (당신의 이름은 무엇입니까?) | Как вас зову́т? |
| 저를 쏘냐라고 부릅니다. (제 이름은 쏘냐입니다.) | Меня́ зову́т Со́ня. |

이번에는 '사랑하다'라는 뜻의 **люби́ть** 동사를 배워 보겠습니다. **люби́ть**은 **-ить**로 끝나는 2식 동사이기 때문에 원형에서 **-ить** 모두를 떼고 인칭에 맞게 동사의 어미를 바꿔 주어야 합니다.

люби́ть 사랑하다, 좋아하다			
я	люблю́	мы	лю́бим
ты	лю́бишь	вы	лю́бите
он / она́	лю́бит	они́	лю́бят

예문

나는 너를 사랑해.	Я люблю́ тебя́.
그는 그녀를 사랑해.	Он лю́бит её.
너는 그를 사랑하니?	Ты лю́бишь его́?
우리는 그들을 사랑합니다.	Мы лю́бим их.
너희는 그녀를 사랑하니?	Вы лю́бите её?
그들은 우리를 사랑합니다.	Они́ лю́бят нас.

Заметки

강의를 듣고 메모해 보세요.

★ люби́ть 동사는 1인칭 단수 я 형태에서 자음 л이 추가되기 때문에 주의해서 기억해야 합니다.

Упражнения 연습 문제

1 다음 주어진 보기를 활용하여 한국어 뜻을 보고 러시아어로 문장을 써 보세요.

> **보기**
> 블라디미르 Влади́мир 따찌야나 Татья́на

네 이름은 뭐니?
_____

내 이름은 블라디미르예요.
_____

그녀의 이름은 따찌야나입니다.
_____

너는 그를 사랑하니?
_____

당신은 그녀를 사랑하세요?
_____

그녀는 그를 사랑하지 않는다.
_____

2 한국어 뜻을 보고 러시아어로 대화를 완성해 보세요.

A: 그녀의 이름은 무엇입니까?
A: _____

B: 그녀의 이름은 베로니카입니다.　　　　　　　　　　　★ 베로니카 Верони́ка
B: _____

A: 너는 나를 사랑하니?
A: _____

B: 응, 나는 너를 매우 사랑해.
B: _____

A: 그녀의 이름은 안나입니까?

A: _____

B: 아니요, 그녀의 이름은 알료나예요. ★ 알료나 Алёна

B: _____

A: 이 사람은 누구입니까?

A: _____

B: 이 사람은 내 친구입니다.

B: _____

A: 그의 이름은 무엇입니까?

A: _____

B: 그의 이름은 드미트리입니다. ★ 드미트리 Дми́трий

B: _____

3 인칭 대명사의 주격을 보고 대격을 써 보세요.

я	
ты	
он / она́	
мы	
вы	
они́	

정답

1 Как тебя́ зову́т? / Меня́ зову́т Влади́мир. / Её зову́т Татья́на. / Ты лю́бишь его́? / Вы лю́бите её? / Она́ не лю́бит его́.

2 Как её зову́т? / Её зову́т Верони́ка. / Ты лю́бишь меня́? / Да, я о́чень люблю́ тебя́. / Её зову́т А́нна? / Нет, её зову́т Алёна. / Кто э́то? / Э́то мой друг. / Как его́ зову́т? / Его́ зову́т Дми́трий.

3 меня́ / тебя́ / его́ / её / нас / вас / их

День 30 | 4

День 31 · 우리는 러시아어를 공부해요.

4단계　Дата:

학습목표: 오늘은 대격을 활용하여 문장을 만들어 보겠습니다.

1. 오늘의 도전 문장

오늘의 도전 문장을 듣고 따라해 보세요.

| 나는 러시아를 좋아해요. | Я люблю́ Росси́ю. |
| 우리는 러시아어를 공부해요. | Мы изуча́ем ру́сский язы́к. |

강의를 듣고 메모해 보세요.

2. 오늘의 학습 내용

지난 시간에 배운 '사랑하다 люби́ть' 동사는 명사의 대격 혹은 동사 원형과 함께 써서 '~을(를) 사랑하다, 좋아하다', '~하는 것을 좋아하다'라는 의미를 나타낼 수 있습니다. 1인칭 단수 я 형태에서 자음 л이 추가되는 점에 주의하며 люби́ть의 현재형 변화를 떠올려 볼까요?

люби́ть 사랑하다, 좋아하다

я	люблю́	мы	лю́бим
ты	лю́бишь	вы	лю́бите
он / она́	лю́бит	они́	лю́бят

이번에는 명사의 대격을 배우겠습니다. 대격은 전치격과 달리 어미 변화가 조금 복잡합니다. 먼저 여성 명사의 대격 어미를 알아보겠습니다. 여성 명사 중 а로 끝나는 명사는 а를 지우고 у를 쓰고, я로 끝나는 명사는 я를 지우고 ю를 씁니다. ь으로 끝나는 명사는 ь를 그대로 씁니다.

여성

-а → у	-я → ю	-ь → ь
모스크바	러시아	광장
Москва́ → Москву́	Росси́я → Росси́ю	пло́щадь → пло́щадь

남성 명사는 우선 살아 있는 명사(활동체)와 살아 있지 않은 명사(비활동체)로 나누어야 합니다. 각각의 어미가 다르기 때문인데요. 살아 있는 활동체 명사는 뒤에서 배우고, 이번 시간에는 살아 있지 않은 비활동체 명사의 어미만 학습하겠습니다. 비활동체 명사의 대격은 주격 어미와 같습니다.

남성		
-자음 → 자음	-й → й	-ь → ь
책상 стол → стол	박물관 музе́й → музе́й	사전 слова́рь → слова́рь

중성 명사 또한 마찬가지로 살아 있는 명사와 살아 있지 않은 명사로 나누는데, 중성의 경우 대체적으로 살아 있지 않은 비활동체 명사이며 주격 어미와 같습니다.

중성		
-о → о	-е → е	-мя → мя
하늘 не́бо → не́бо	바다 мо́ре → мо́ре	이름 и́мя → и́мя

'공부하다'라는 뜻의 изуча́ть 동사의 현재형 변화를 알아보겠습니다. 역시 –ать로 끝나는 1식 동사이며 뒤에는 주로 과목명(대격)을 씁니다.

изуча́ть 공부하다			
я	изуча́ю	мы	изуча́ем
ты	изуча́ешь	вы	изуча́ете
он / она́	изуча́ет	они́	изуча́ют

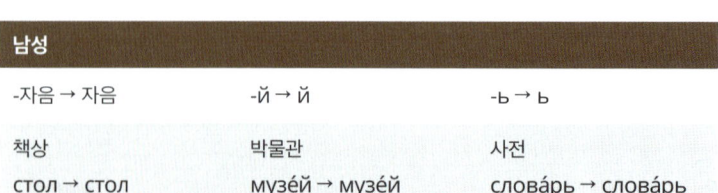

우리는 러시아어를 공부합니다.	Мы изуча́ем ру́сский язы́к.
그는 한국어를 공부합니다.	Он изуча́ет коре́йский язы́к.
그들은 역사를 공부합니다.	Они́ изуча́ют исто́рию.

Упражнения 연습 문제

1 다음 주어진 보기를 활용하여 한국어 뜻을 보고 러시아어로 문장을 써 보세요.

> **보기**
> 발레 балéт 음악 мýзыка 듣다 слýшать 도서관 библиотéка 경제 эконóмика

그녀는 바다를 좋아해요.
_____

나는 러시아를 아주 좋아합니다.
_____

그들은 러시아 발레를 좋아해요.
_____

우리는 음악 듣는 것을 좋아합니다.
_____

너는 러시아어 공부하는 것을 좋아하니?
_____

그는 도서관에서 경제를 공부합니다.
_____

2 한국어 뜻을 보고 러시아어로 대화를 완성해 보세요.

A: 너는 뭐 하는 것을 좋아하니?

A: _____

B: 나는 집에서 TV 보는 것을 좋아해.

B: _____

A: 너는 지금 무엇을 하고 있니?

A: _____

B: 나는 수학을 공부하고 있어. ★수학 матемáтика

B: _____

A: 너희는 러시아어를 공부하니?

A: _____

B: 아니, 우리는 독일어를 공부해.

B: _____

A: 학생들은 내학교에서 무엇을 공부하나요?

A: _____

B: 그들은 대학에서 문학을 공부합니다.　　　　　　　　　　　　　　　　★ 문학 литература

B: _____

A: 너의 언니는 러시아를 좋아하니?

A: _____

B: 응, 그래서 매일 러시아어를 공부해.　　　　　　　★ 그래서 поэ́тому　★ 매일 ка́ждый день

B: _____

A: 너도 러시아어를 공부하니?

A: _____

B: 응, 나도 러시아어를 공부해.

B: _____

정답

1. Она́ лю́бит мо́ре. / Я о́чень люблю́ Росси́ю. / Они́ лю́бят ру́сский бале́т. / Мы лю́бим слу́шать му́зыку. / Ты лю́бишь изуча́ть ру́сский язы́к? / Он изуча́ет эконо́мику в библиоте́ке.

2. Что ты лю́бишь де́лать? / Я люблю́ смотре́ть телеви́зор до́ма. / Что ты де́лаешь сейча́с? / Я изуча́ю матема́тику. / Вы изуча́ете ру́сский язы́к? / Нет, мы изуча́ем неме́цкий язы́к. / Что изуча́ют студе́нты в университе́те? / Они́ изуча́ют литерату́ру в университе́те. / Твоя́ ста́ршая сестра́ лю́бит Росси́ю? / Да, поэ́тому ка́ждый день она́ изуча́ет ру́сский язы́к. / Ты то́же изуча́ешь ру́сский язы́к? / Да, я то́же изуча́ю ру́сский язы́к.

День 32 그는 어제 무엇을 했나요?

4단계 Дата:

오늘은 동사의 과거 시제를 학습하겠습니다.

1. 오늘의 도전 문장

오늘의 도전 문장을 듣고 따라해 보세요.

그는 어제 무엇을 했나요?	Что он де́лал вчера́?
그는 어제 도서관에서 역사를 공부했어요.	Вчера́ он изуча́л исто́рию в библиоте́ке.

2. 오늘의 학습 내용

러시아어 시제는 현재, 과거, 미래 세 가지가 있습니다. 오늘은 그중 과거 시제를 배우겠습니다. 과거 시제에서는 인칭이 아니라 성, 수에 따라 어미가 변하며 1식, 2식 동사 모두 동일합니다. 원형에서 ть를 떼고 주어에 맞게 어미를 붙이면 됩니다.

남성	여성	중성	복수
-л	-ла	-ло	-ли

그동안 배운 동사의 과거형을 알아볼까요?

	남성	여성	중성	복수
하다	де́лал	де́лала	де́лало	де́лали
살다	жил	жила́	жи́ло	жи́ли
보다	смотре́л	смотре́ла	смотре́ло	смотре́ли
알다	знал	зна́ла	зна́ло	зна́ли
일하다	рабо́тал	рабо́тала	рабо́тало	рабо́тали
공부하다	изуча́л	изуча́ла	изуча́ло	изуча́ли
이해하다	понима́л	понима́ла	понима́ло	понима́ли
사랑하다	люби́л	люби́ла	люби́ло	люби́ли

Заметки

강의를 듣고 메모해 보세요.

너는 어제 뭐 했니?	Что ты делал вчера? (남) Что ты делала вчера? (여)	
나는 어제 숙제를 했어요.	Вчера я делал домашнее задание. (남) Вчера я делала домашнее задание. (여)	
언니는 예전에 모스크바에 살았다.	Раньше старшая сестра жила в Москве.	
부모님은 서울에 사셨다.	Родители жили в Сеуле.	
그는 집에서 TV를 봤다.	Он смотрел телевизор дома.	
당신은 이 영화를 보셨나요?	Вы смотрели этот фильм?	★ 인칭대명사 вы는 2인칭 복수형이기 때문에, 과거형 동사도 반드시 복수형으로 수 일치시켜야 합니다.
그녀는 그를 알았다.	Она знала его.	
너는 나를 알았니?	Ты знал меня? (남) Ты знала меня? (여)	
그녀는 예전에 학교에서 일했다.	Раньше она работала в школе.	
예전에 그는 한국에서 일했다.	Раньше он работал в Корее.	
나는 수학을 공부했다.	Я изучал математику. (남) Я изучала математику. (여)	
예전에 우리는 러시아어로 잘 이해했다.	Раньше мы хорошо понимали по-русски.	
나는 맥주를 아주 좋아했다.	Я очень любил пиво. (남) Я очень любила пиво. (여)	

Упражнения 연습 문제

1 과거 시제 어미를 떠올리며 주어진 동사를 성·수에 알맞게 과거형으로 바꿔 보세요.

	남성	여성	중성	복수
쉬다 отдыхáть				
읽다 читáть				
듣다 слýшать				
요리하다, 준비하다 готóвить				

2 다음 주어진 보기를 활용하여 한국어 뜻을 보고 러시아어로 문장을 써 보세요.

> **보기**
> 어제 вчерá 읽다 читáть 소설 ромáн 극장 теáтр 음악 мýзыка

어제 그녀는 집에서 소설을 읽었어요.

_____

그들은 어제 극장에서 연극을 봤어요.

_____

너희 숙제했니?

_____

우리는 바다에서 쉬었어요.

_____

그는 음악을 들었어요.

_____

3 한국어 뜻을 보고 러시아어로 대화를 완성해 보세요.

A: 그녀는 예전에 중국에 살았니?

A: _____

B: 아니, 그녀는 일본에 살았어.

B: _____

A: 그는 어렸을 때 러시아에 살았었나요?　　　　　　　　　　　　　　　★ 어렸을 때, 어린 시절에 в детстве

A: _____

B: 네, 그래서 러시아어로 아주 잘 말해요.　　　　　　　　　　　　　　★ 그래서 поэтому

B: _____

A: 너는 사탕을 좋아하니?　　　　　　　　　　　　　　　　　　　　★ 사탕 конфе́ты

A: _____

B: 예전에 좋아했어. 지금은 안 좋아해. (여)

B: _____

A: 당신은 어제 뭐 했어요?

A: _____

B: 저는 집에서 숙제를 했어요. (남)

B: _____

A: 당신의 엄마는 지금 일하세요?

A: _____

B: 지금은 아니에요, 그녀는 예전에 은행에서 일했어요.

B: _____

정답

1 отдыха́л, отдыха́ла, отдыха́ло, отдыха́ли / чита́л, чита́ла, чита́ло, чита́ли / слу́шал, слу́шала, слу́шало, слу́шали / гото́вил, гото́вила, гото́вило, гото́вили

2 Вчера́ она́ чита́ла рома́н до́ма. / Вчера́ они́ смотре́ли спекта́кль в теа́тре. / Вы де́лали дома́шнее зада́ние? / Мы отдыха́ли на мо́ре. / Он слу́шал му́зыку.

3 Ра́ньше она́ жила́ в Кита́е? / Нет, она́ жила́ в Япо́нии. / В де́тстве он жил в Росси́и? / Да, поэ́тому он о́чень хорошо́ говори́т по-ру́сски. / Ты лю́бишь конфе́ты? / Ра́ньше люби́ла. Сейча́с не люблю́ их. / Что вы де́лали вчера́? / Я де́лал дома́шнее зада́ние до́ма. / Ва́ша ма́ма рабо́тает сейча́с? / Сейча́с нет. Ра́ньше она́ рабо́тала в ба́нке.

День 33 너는 어제 어디에 있었니?

4단계 Дата: . .

학습목표: 오늘은 지난 시간에 이어서 동사의 과거 시제를 학습하겠습니다.

1. 오늘의 도전 문장

오늘의 도전 문장을 듣고 따라해 보세요.

| 너는 어제 어디에 있었니? | Где ты был вчера́? |
| 나는 어제 대학교에 있었어. | Вчера́ я был в университе́те. |

강의를 듣고 메모해 보세요.

2. 오늘의 학습 내용

지난 시간에 배운 동사의 과거형 어미 기억하시나요? 1식, 2식 모두 원형에서 ть를 떼고 주어의 성, 수에 맞게 각각의 어미를 붙이면 됩니다.

남성	여성	중성	복수
-л	-ла	-ло	-ли

이번 시간에는 영어의 be 동사와 같은 역할을 하며 '~(이)다, ~에 있다'라는 뜻을 가진 быть 동사의 과거형을 배워 보겠습니다. 주로 과거에 '~에 있었다, 존재했다, 갔었다(방문했다)' 등의 의미로 씁니다. 과거 시제의 어미는 성, 수에 따라 규칙 변화합니다. 과거형 어미를 알아볼까요?

	남성	여성	중성	복수
~(이)다, 있다	был	была́	бы́ло	бы́ли

예문

나는 집에 있었다. (남)	Я был до́ма.
너는 집에 있었니? (여)	Ты была́ до́ма?
우리는 집에 있었어요.	Мы бы́ли до́ма.

★ 여성, 중성은 발음이 비슷하기 때문에 철자와 강세 위치에 유의해야 합니다.

이번에는 -ся가 붙는 동사를 알아보겠습니다. '~에서 공부하다, 배우다'라는 뜻의 учи́ться 동사가 대표적이라고 할 수 있는데요. 과거형을 배우기에 앞서 현재 시제 변화형부터 살펴봅시다. учи́ться는 2식 동사이기 때문에 규칙에 맞게 현재형 변화를 한 뒤 자음으로 끝나면 ся를, 모음으로 끝나면 сь를 붙이면 됩니다.

Заметки

강의를 듣고 메모해 보세요.

учи́ться ~에서 공부하다, 배우다			
я	учу́сь	мы	у́чимся
ты	у́чишься	вы	у́читесь
он / она́	у́чится	они́	у́чатся

예문

나는 대학교에서 공부한다.	Я учу́сь в университе́те.
우리는 대학교에서 공부한다.	Мы у́чимся в университе́те.

이번에는 과거 시제를 알아보겠습니다. 이 동사는 과거형에서 ть를 떼고 성, 수에 따라 л, ла, ло, ли가 붙는 것은 똑같지만 뒤에 ся 혹은 сь를 더 붙여야 합니다. 현재형과 마찬가지로 자음 л로 끝나는 남성은 ся, 모음으로 끝나는 여성, 중성, 복수는 각각 сь를 붙입니다.

★ г, к, х, ж, ш, щ, ч 자음 뒤에는 ю 대신 у를, я 대신 а를 써야 합니다.

	남성	여성	중성	복수
~에서 공부하다	учи́лся	учи́лась	учи́лось	учи́лись

예문

나는 대학교에서 공부했습니다. (여)	Я учи́лась в университе́те.
내 남동생은 학교에서 공부했습니다.	Мой мла́дший брат учи́лся в шко́ле.

Упражнения 연습 문제

1 다음 주어진 보기를 활용하여 한국어 뜻을 보고 러시아어로 문장을 써 보세요.

> **보기**
> 경기장 стадио́н 꽃병 ва́за 극장 теа́тр 대학 институ́т 모스크바 국립 대학교 МГУ

나는 경기장에 있었어요. (남)

꽃병은 책상 위에 있었어요.

예전에 그녀는 극장에 있었어요.

우리는 대학에서 공부했어요.

나는 모스크바 국립 대학교에서 공부했어요. (여)

2 한국어 뜻을 보고 러시아어로 대화를 완성해 보세요.

A: 가방 어디에 있었어?

A:

B: 침대 위에 있었어. ★ 침대 крова́ть

B:

A: 그녀는 어제 집에 있었나요?

A:

B: 네, 그녀는 어제 집에 있었어요.

B:

A: 너희는 그저께 어디에 있었니? ★ 그저께 позавчера

A: _____

B: 그저께 우리는 공원에 있었어요. ★ 공원 парк

B: _____

A: 너는 모스크바에 있었니? (여)

A: _____

B: 아니, 나는 상트페테르부르크에 있었어. ★ 상트페테르부르크 Санкт-Петербург

B: _____

A: 거기에서 무엇을 했니?

A: _____

B: 나는 거기 대학교에서 공부했었어.

B: _____

3 배운 규칙을 떠올리며 동사의 원형을 보고 성·수에 알맞게 과거 시제로 써 보세요.

	남성	여성	중성	복수
전화하다 звонить				
기다리다 ждать				
~하다, 공부하다 заниматься				
만나다 встречаться				

정답

1 Я был на стадио́не. / Ва́за была́ на столе́. / Ра́ньше она́ была́ в теа́тре. / Мы учи́лись в институ́те. / Я учи́лась в МГУ.

2 Где была́ су́мка? / Она́ была́ на крова́ти. / Вчера́ она́ была́ до́ма? / Да, вчера́ она́ была́ до́ма. / Где вы бы́ли позавчера́? / Позавчера́ мы бы́ли в па́рке. / Ты была́ в Москве́? / Нет, я была́ в Санкт-Петербу́рге. / Что ты де́лала там? / Там я учи́лась в университе́те.

3 звони́л, звони́ла, звони́ло, звони́ли / ждал, ждала́, ждало́, жда́ли / занима́лся, занима́лась, занима́лось, занима́лись / встреча́лся, встреча́лась, встреча́лось, встреча́лись

День 34 왜 당신은 러시아어를 공부하세요?

4단계 Дата: . .

학습목표 오늘은 러시아어로 이유 묻고 답하기와 요일 표현을 학습하겠습니다.

1 오늘의 도전 문장

오늘의 도전 문장을 듣고 따라해 보세요.

| 왜 당신은 러시아어를 공부하세요? | Почему́ вы изуча́ете ру́сский язы́к? |
| 저는 러시아를 좋아하기 때문에 러시아어를 공부해요. | Я изуча́ю ру́сский язы́к, потому́ что я люблю́ Росси́ю. |

강의를 듣고 메모해 보세요.

2 오늘의 학습 내용

러시아어로 이유를 묻고 답할 때는 의문사 **почему́**와 접속사 **потому́ что**를 사용합니다. '왜'라는 뜻의 의문사 **почему́**는 의문문에서 문장의 맨 앞에 위치합니다. 이유를 표현하는 접속사 **потому́ что**는 두 단어로 이루어져 있지만 한 단어처럼 이어서 읽어야 합니다.

| 왜 | **почему́** |
| 왜냐하면, ~이기 때문이다 | **потому́ что** |

예문

왜 그는 집에 있니?	Почему́ он до́ма?
그는 어제 하루 종일 일했기 때문에 집에서 쉬고 있어요.	Он отдыха́ет до́ма, потому́ что вчера́ он весь день рабо́тал.
왜 너는 러시아어를 공부하니?	Почему́ ты изуча́ешь ру́сский язы́к?
나는 러시아를 좋아하기 때문에 러시아어를 공부해.	Я изуча́ю ру́сский язы́к, потому́ что я люблю́ Росси́ю.

이번에는 러시아어로 요일 표현하는 방법을 알아보겠습니다. '~요일에'는 '전치사 в + 요일 대격'으로 나타낼 수 있습니다.

Заметки

강의를 듣고 메모해 보세요.

	~요일	~요일에
월요일	понеде́льник	в понеде́льник
화요일	вто́рник	во вто́рник
수요일	среда́	в сре́ду
목요일	четве́рг	в четве́рг
금요일	пя́тница	в пя́тницу
토요일	суббо́та	в суббо́ту
일요일	воскресе́нье	в воскресе́нье

★ '화요일에'는 발음상의 편의를 위해 전치사 в 대신 во를 씁니다.

★ '수요일에'는 전치사가 오면서 강세의 위치가 변합니다.

월요일에 나는 극장에서 연극을 봤습니다. (남)	В понеде́льник я смотре́л спекта́кль в теа́тре.
수요일에 그녀는 집에서 숙제를 했습니다.	В сре́ду она́ де́лала дома́шнее зада́ние до́ма.
토요일에 우리는 공원에 있었어요.	В суббо́ту мы бы́ли в па́рке.

Упражнения 연습 문제

1 다음 주어진 보기를 활용하여 한국어 뜻을 보고 러시아어로 문장을 써 보세요.

> **보기**
> 영화 кино́ 기자 журнали́ст 여동생 мла́дшая сестра́ 오빠 ста́рший брат 공부하다 занима́ться

화요일에 나는 도서관에서 숙제를 했어요. (남)
_____

나의 엄마는 수요일에 영화를 봤어요.
_____

목요일에 기자들은 어디에 있었나요?
_____

여동생은 왜 일요일에 학교에 있었나요?
_____

오빠는 왜 집에서 공부했나요?
_____

2 한국어 뜻을 보고 러시아어로 대화를 완성해 보세요.

A: 왜 당신은 토요일에 회사에 있었나요?

A: _____

B: 저는 토요일에 일했기 때문에 회사에 있었어요. (여)

B: _____

A: 수요일에 너는 무엇을 했니? (남)

A: _____

B: 수요일에 나는 극장에서 발레를 봤어.

B: _____

A: 일요일에 당신의 가족은 어디에 있었나요?

A: _____

B: 나의 가족은 일요일에 시골에 있었어요.

B: _____

A: 왜 아이들은 극장에 있었어요?

A: _____

B: 아이들은 오페라를 감상했기 때문에 극장에 있었어요. ★ 오페라를 감상하다 слу́шать о́перу

B: _____

3 러시아어로 빈칸을 채워 보세요.

	요일	요일에
월요일	①	в понеде́льник
화요일	вто́рник	②
수요일	среда́	③
목요일	④	в четве́рг
금요일	⑤	в пя́тницу
토요일	суббо́та	⑥
일요일	воскресе́нье	⑦

정답

1 Во вто́рник я де́лал дома́шнее зада́ние в библиоте́ке. / В сре́ду моя́ ма́ма смотре́ла кино́. / Где бы́ли журнали́сты в четве́рг? / Почему́ в воскресе́нье мла́дшая сестра́ была́ в шко́ле? / Почему́ ста́рший брат занима́лся до́ма?

2 Почему́ в суббо́ту вы бы́ли в фи́рме? / Я была́ в фи́рме, потому́ что я рабо́тала в суббо́ту. / Что ты де́лал в сре́ду? / В сре́ду я смотре́л бале́т в теа́тре. / Где ва́ша семья́ была́ в воскресе́нье? / В воскресе́нье моя́ семья́ была́ в дере́вне. / Почему́ де́ти бы́ли в теа́тре? / Де́ти бы́ли в теа́тре, потому́ что они́ слу́шали о́перу.

3 понеде́льник / во вто́рник / в сре́ду / четве́рг / пя́тница / в суббо́ту / в воскресе́нье

День 35

당신은 어떤 기념품이 마음에 드나요?

4단계   Дата: .   .

학습 목표: 오늘은 인칭 대명사의 여격을 배우고 문장에 적용해 보겠습니다.

1. 오늘의 도전 문장

오늘의 도전 문장을 듣고 따라해 보세요.

| 당신은 어떤 기념품이 마음에 드나요? | Какие сувениры вам нравятся? |
| 나는 빨간 마트료시카가 마음에 들어요. | Мне нравится красная матрёшка. |

Заметки

강의를 듣고 메모해 보세요.

2. 오늘의 학습 내용

오늘은 세 번째 격인 여격을 학습하겠습니다. 여격은 주로 간접 목적어를 표현할 때 사용하며 '~에게'로 해석합니다. 먼저 인칭 대명사의 여격을 알아보겠습니다.

	주격	여격
나	я	мне
너	ты	тебе
그 / 그녀	он / она́	ему́ / ей
우리	мы	нам
너희 / 당신	вы	вам
그들	они́	им

여격을 수반하는 대표적인 동사 중 하나이며 '마음에 들다'라는 뜻을 가진 нравиться를 배워 보겠습니다. 이 동사는 마음에 들어 하는 주체를 여격, 마음에 드는 대상을 주격으로 씁니다. 따라서 동사는 3인칭 단수, 복수 형태를 주로 사용합니다.

| 마음에 들어 하는 주체 | 여격 |
| 마음에 드는 대상 | 주격 |

он / она́	нра́вится
они́	нра́вятся

강의를 듣고 메모해 보세요.

나에게 책이 마음에 듭니다.	Мне нра́вится кни́га.
그에게 책이 마음에 듭니다.	Ему́ нра́вится кни́га.
우리에게 책들이 마음에 듭니다.	Нам нра́вятся кни́ги.

이번에는 지시 대명사를 알아보겠습니다. 지시 대명사는 특정 대상을 가리키거나 한정적으로 수식하는 경우에 사용하며 뒤에 오는 명사의 성, 수에 맞게 형태를 일치시켜야 합니다. 중성형을 특히 주의해야 하는데 지시 대명사 э́то는 앞에서 배운 '이것(들), 이 사람(들)'과 달리 중성 명사를 수식하는 역할을 합니다.

	남성	여성	중성	복수
이	э́тот	э́та	э́то	э́ти

나에게 이 책이 마음에 듭니다.	Мне нра́вится э́та кни́га.
우리에게 이 책들이 마음에 듭니다.	Нам нра́вятся э́ти кни́ги.

Упражнения 연습 문제

1 다음 주어진 보기를 활용하여 한국어 뜻을 보고 러시아어로 문장을 써 보세요.

> **보기**
> 봄 весна́   여름 ле́то   가을 о́сень   겨울 зима́   계절 времена́ го́да

나는 봄이 마음에 들어요.

_____

그녀는 여름이 마음에 들어요.

_____

너는 가을이 마음에 드니?

_____

그는 겨울이 아주 마음에 들어요.

_____

당신은 어떤 계절이 마음에 드나요?

_____

2 한국어 뜻을 보고 러시아어로 대화를 완성해 보세요.

A: 당신은 어떤 맥주가 마음에 듭니까?

A: _____

B: 저는 흑맥주가 마음에 듭니다.   ★ 흑맥주 тёмное пи́во

B: _____

A: 너는 이 도시가 마음에 드니?

A: _____

B: 응, 아주 마음에 들어.

B: _____

A: 그는 이 주제가 마음에 듭니까? ★ 주제 тéма

A: _____

B: 네, 그에게 이 주제가 마음에 듭니다.

B: _____

A: 그녀는 러시아를 좋아하니?

A: _____

B: 아니요, 그녀에게 마음에 들지 않아요.

B: _____

A: 너희는 어떤 노래들이 마음에 드니?

A: _____

B: 우리는 러시아 노래들이 마음에 들어.

B: _____

3 인칭 대명사의 주격을 보고 여격을 써 보세요.

я	
ты	
он / онá	
мы	
вы	
они́	

정답
1. Мне нрáвится веснá. / Ей нрáвится лéто. / Тебé нрáвится óсень? / Емý óчень нрáвится зимá. / Каки́е временá гóда вам нрáвятся?
2. Какóе пи́во вам нрáвится? / Мне нрáвится тёмное пи́во. / Тебé нрáвится э́тот гóрод? / Да, мне óчень нрáвится. / Емý нрáвится э́та тéма? / Да, емý нрáвится онá. / Ей нрáвится Росси́я? / Нет, ей не нрáвится. / Каки́е пéсни вам нрáвятся? / Нам нрáвятся рýсские пéсни.
3. мне / тебé / емý / ей / нам / вам / им

День 35 | 4

День 36 - 나는 선생님에게 전화합니다.

4단계 Дата:

학습목표: 오늘은 러시아어 명사의 여격을 학습하겠습니다.

1. 오늘의 도전 문장

오늘의 도전 문장을 듣고 따라해 보세요.

| 너는 친구에게 전화했니? | Ты звони́л дру́гу? |
| 나는 선생님에게 전화합니다. | Я звоню́ учи́телю. |

2. 오늘의 학습 내용

지난 시간에 이어서 오늘도 세 번째 격인 여격에 대해 학습하겠습니다. 여격은 주로 '~에게'로 해석하며 간접 목적어를 표현할 때 사용합니다. 러시아어 명사의 여격 어미를 알아볼까요?

먼저 남성에서 자음으로 끝나는 명사는 단어의 끝에 у를 붙이고, й, ь로 끝나는 명사는 각각 й, ь를 지우고 ю를 붙입니다. 예문를 통해 알아보겠습니다.

남성

-자음 + у	-й → ю	-ь → ю
대학생 студе́нт → студе́нту	주인공 геро́й → геро́ю	선생님 учи́тель → учи́телю

여성은 а와 я로 끝나는 명사는 각각 а와 я를 지우고 е를 붙이고, ь으로 끝나는 명사는 ь를 지우고 и를 붙입니다.

여성

-а → е	-я → е	-ь → и
엄마 ма́ма → ма́ме	이모 тётя → тёте	광장 пло́щадь → пло́щади

★ '엄마 мать'는 여격에서 ма́тери, '딸 дочь'는 여격에서 до́чери로 변합니다.

Заметки
강의를 듣고 메모해 보세요.

중성은 о로 끝나는 명사는 о를 지우고 у를, е로 끝나는 명사는 е를 지우고 ю를 붙입니다. мя로 끝나는 명사는 мя를 지우고 мени를 붙입니다.

중성

-о → у	-е → ю	-мя → мени
하늘 не́бо → не́бу	바다 мо́ре → мо́рю	이름 и́мя → и́мени

이번에는 여격과 함께 쓰는 '전화하다'라는 뜻의 동사 звони́ть의 변화를 알아보겠습니다. -ить로 끝나는 2식 동사입니다.

звони́ть 전화하다

я	звоню́	мы	звони́м
ты	звони́шь	вы	звони́те
он / она́	звони́т	они́	звоня́т

	남성	여성	중성	복수
전화하다	звони́л	звони́ла	звони́ло	звони́ли

예문

나는 이반에게 전화합니다.	Я звоню́ Ива́ну.
그는 엄마에게 전화했니?	Он звони́л ма́ме?

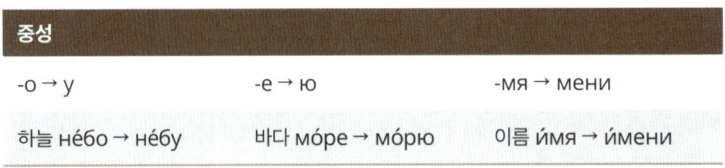

Заметки

강의를 듣고 메모해 보세요.

Упражнения 연습 문제

1 다음 명사를 여격으로 바꿔 보세요.

시인 поэт	
세르게이 Сергей	
작가 писатель	
할머니 бабушка	
가족 семья	
호수 озеро	
건물 здание	
시간 время	

2 다음 주어진 보기를 활용하여 한국어 뜻을 보고 러시아어로 문장을 써 보세요.

> **보기**
> 매일 каждый день 부모님 родители 손녀 внучка

나는 너에게 전화한다.

이반은 마샤에게 매일 전화한다.

부모님이 아들에게 전화합니다.

언제 손녀가 할머니에게 전화했니?

너는 저녁에 친구(여)에게 전화했니? (남)

3 한국어 뜻을 보고 러시아어로 대화를 완성해 보세요.

A: 선생님이 어제 너에게 전화하셨니?   ★ 어제 вчера́

A: _____

B: 아니, 선생님은 나에게 전화하지 않으셨어.

B: _____

A: 언제 아빠가 나에게 전화했어?

A: _____

B: 낮에 하셨어.

B: _____

A: 너 지금 뭐 하고 있어?   ★ 지금 сейча́с

A: _____

B: 나 지금 따냐에게 전화하고 있어.   ★ 따냐 Та́ня

B: _____

4 배운 내용을 떠올리면서 명사의 여격 어미를 써 보세요.

명사 여격 (단수)		
남성	여성	중성

정답
1. поэ́ту / Серге́ю / писа́телю / ба́бушке / семье́ / о́зеру / зда́нию / вре́мени
2. Я звоню́ тебе́. / Ива́н звони́т Ма́ше ка́ждый день. / Роди́тели звоня́т сы́ну. / Когда́ вну́чка звони́ла ба́бушке? / Ты ве́чером звони́л подру́ге?
3. Вчера́ учи́тель звони́л тебе́? / Нет, он не звони́л мне. / Когда́ па́па звони́л мне? / Днём он звони́л. / Что ты де́лаешь сейча́с? / Сейча́с я звоню́ Та́не.
4. 남성: -у, -ю, -ю / 여성: -е, -е, -и / 중성: -у, -ю, -мени

День 36

День 37 | 당신은 몇 살입니까?

4단계 Дата:

학습목표: 오늘은 러시아어 명사의 여격 복수형을 학습하고 문장에 적용해 보겠습니다.

1 오늘의 도전 문장

오늘의 도전 문장을 듣고 따라해 보세요.

| 당신은 몇 살입니까? | Ско́лько вам лет? |
| 선생님은 학생들에게 책을 선물합니다. | Учи́тель да́рит шко́льникам кни́ги. |

강의를 듣고 메모해 보세요.

2 오늘의 학습 내용

러시아어 명사의 여격 복수형 어미를 알아보겠습니다. 복수형 또한 명사의 원형 (주격 단수)에서 어미를 바꿔야 합니다. 먼저 남성에서 자음으로 끝나는 명사는 단어의 끝에 ам을 붙여 주고, й, ь로 끝나는 명사는 각각 й, ь를 지우고 ям을 붙입니다. 예문을 통해 알아보겠습니다.

남성

-자음 + ам	-й → ям	-ь → ям
대학생	주인공	선생님
студе́нт → студе́нтам	геро́й → геро́ям	учи́тель → учителя́м

여성은 а로 끝나는 명사는 а를 지우고 ам을 붙이고, я와 ь로 끝나는 명사는 각각 я와 ь를 지우고 ям을 붙입니다.

여성

-а → ам	-я → ям	-ь → ям
책	이모	광장
кни́га → кни́гам	тётя → тётям	пло́щадь → площадя́м

중성은 о로 끝나는 명사는 о를 지우고 ам을, е로 끝나는 명사는 е를 지우고 ям을 붙입니다. мя로 끝나는 명사는 мя를 지우고 менам을 붙입니다.

중성		
-о → ам	-е → ям	-мя → менам
사과 я́блоко → я́блокам	바다 мо́ре → моря́м	이름 и́мя → имена́м

이번에는 여격과 함께 쓰는 '선물하다'라는 뜻의 동사 дари́ть의 어미 변화를 알아보겠습니다. -ить로 끝나는 2식 동사입니다.

дари́ть 선물하다			
я	дарю́	мы	да́рим
ты	да́ришь	вы	да́рите
он / она́	да́рит	они́	да́рят

	남성	여성	중성	복수
선물하다	дари́л	дари́ла	дари́ло	дари́ли

예문

나는 부모님께 꽃을 선물한다.	Я дарю́ роди́телям цветы́.
부모님이 아이들에게 장난감을 선물한다.	Роди́тели да́рят де́тям игру́шки.

★ де́ти, роди́тели의 여격 복수형은 각각 и를 떼고 ям을 붙입니다.

러시아어로 나이를 묻고 답할 때는 주어를 여격으로 씁니다. 이때 '~살(세)'를 나타내는 명사는 나이(숫자)에 따라 문법이 달라집니다. 자세한 내용은 뒤에서 배우게 되겠으며 지금은 나이를 묻고 답할 때 주어를 여격으로 쓴다는 점과 숫자에 따른 명사의 형태가 각각 다르다는 점 정도만 알아 두세요.

1	2~4	5~20
год	го́да	лет

★ 각각의 나이에 따라 위와 같은 명사를 사용합니다. 30, 40 등 0으로 끝날 경우 лет을 씁니다.

예문

너는 몇 살이니?	Ско́лько тебе́ лет?
나는 14살이야.	Мне 14 лет.
그녀는 50살입니다.	Ей 50 лет.
그는 31살입니다.	Ему́ 31 год.
할아버지는 83세입니다.	Де́душке 83 го́да.

Упражнения 연습 문제

1 다음 주어진 보기를 활용하여 한국어 뜻을 보고 러시아어로 문장을 써 보세요.

> **보기**
> 자전거 велосипе́д 공 мяч 기숙사 общежи́тие 기사 статья́ 소년 ма́льчик 생일에 на день рожде́ния

할머니가 생일에 손자들에게 자전거와 공을 선물했어요.

_____

대학생들은 기숙사가 마음에 들지 않아요.

_____

기자들은 이 기사가 마음에 듭니다.

_____

소년은 몇 살입니까?

_____

마샤는 36살입니다.

_____

2 한국어 뜻을 보고 러시아어로 대화를 완성해 보세요.

A: 관광객들은 어떤 기념품들을 마음에 들어하나요? ★ 관광객 тури́ст

A: _____

B: 그들은 러시아 보드카를 아주 마음에 들어해요. ★ 보드카 во́дка

B: _____

A: 너는 새해에 부모님께 무엇을 선물했니? (여) ★ 새해에 на Но́вый год

A: _____

B: 나는 케이크와 꽃다발을 선물했어. ★ 케이크 торт ★ 꽃다발 буке́т цвето́в

B: _____

A: 아들은 몇 살이에요?

A: _____

B: 22살이에요.

B: _____

3 배운 내용을 떠올리면서 명사의 여격 어미를 써 보세요.

명사 여격 (복수)		
남성	여성	중성

4 дари́ть 동사 변형 어미를 떠올리면서 빈칸을 채워 보세요.

선물하다 дари́ть	
я	
ты	
он / она́	
мы	
вы	
они́	

	남성	여성	중성	복수
선물하다				

정답

1. Ба́бушка дари́ла вну́кам велосипе́д и мяч на день рожде́ния. / Студе́нтам не нра́вится общежи́тие. / Журнали́стам нра́вится э́та статья́. / Ско́лько ма́льчику лет? / Ма́ше 36 лет.
2. Каки́е сувени́ры нра́вятся тури́стам? / Им о́чень нра́вится ру́сская во́дка. / Что ты дари́ла роди́телям на Но́вый год? / Я дари́ла им торт и буке́т цвето́в. / Ско́лько сы́ну лет? / Ему́ 22 го́да.
3. 남성: -ам, -ям, -ям / 여성: -ам, -ям, -ям / 중성: -ам, -ям, -менам
4. дарю́ / да́ришь / да́рит / да́рим / да́рите / да́рят / дари́л / дари́ла / дари́ло / дари́ли

День 38 나는 지금 대학교로 가고 있어.

학습목표 오늘은 동작 동사(정태)를 학습하겠습니다.

1. 오늘의 도전 문장

오늘의 도전 문장을 듣고 따라해 보세요.

너는 지금 어디로 가고 있니?	Куда́ ты идёшь сейча́с?
나는 지금 대학교로 가고 있어.	Сейча́с я иду́ в университе́т.

Заметки

강의를 듣고 메모해 보세요.

2. 오늘의 학습 내용

가다, 뛰다, 날다 등 움직임을 나타내는 동사를 동작 동사 혹은 운동 동사라고 합니다. 이러한 동사들은 방향이 정해진 형태로 한 방향으로 움직일 때 사용하는 정태와 방향이 정해지지 않은 형태로 여러 방향 혹은 왕복일 때 사용하는 부정태로 나뉩니다. 동작 동사는 목적지를 나타낼 때 주로 전치사 в/на + 대격으로 표현합니다. 한국어로는 '~에 간다, ~에 다닌다'로 쓰기 때문에 자주 헷갈리는 문법 중 하나입니다.

그럼 먼저 '가다'라는 뜻의 정태 동사 идти́를 알아보겠습니다. 이 동사는 교통수단을 타지 않고 '걸어서 한 방향으로 가다'라는 뜻을 나타냅니다. 동작을 나타내는 동사이기 때문에 진행의 의미가 내포되어 있습니다. 1식 동사인데 기존에 배운 동사와 달리 원형이 ти로 끝나며 현재 시제 변화형 어미도 е가 아니라 ё를 쓰기 때문에, 주의해서 변화 규칙을 기억해야 합니다.

идти́ (걸어서) 가다			
я	иду́	мы	идём
ты	идёшь	вы	идёте
он / она́	идёт	они́	иду́т

목적지는 전치사 в / на와 함께 대격을 써서 '~(으)로 가다'라고 표현합니다. 전치사 в와 на의 쓰임은 앞에서 배운 내용과 동일합니다.

강의를 듣고 메모해 보세요.

в	на
~에(서) / ~안에	~에(서) / ~위에
닫힌 공간 (행정 구역, 건물, 기관 등)	열린 공간 (자연환경, 방위, 사건, 행사 등)

예시

학교로	в шко́лу
대학교로	в университе́т
은행으로	в банк
경기장으로	на стадио́н
우체국으로	на по́чту

'어디로'라는 뜻으로 동작 동사와 함께 쓰는 의문사는 куда́입니다. '어디에(서)'를 뜻하는 где와 헷갈리는 경우가 많으니 이 또한 꼭 유의하세요!

어디로	куда́

예문

너는 어디 가고 있어?	Куда́ ты идёшь?
나는 대학교로 가고 있어. (가는 중이야).	Я иду́ в университе́т.

Упражнения 연습 문제

1 다음 주어진 보기를 활용하여 한국어 뜻을 보고 러시아어로 문장을 써 보세요.

> **보기**
> 극장 театр   약국 аптéка   집으로 домóй

이반은 극장으로 가고 있어요.
_____

당신은 어디로 가고 있어요?
_____

엄마는 약국으로 가고 있어요.
_____

그들은 집으로 가고 있어요.
_____

우리는 경기장으로 가고 있어요.
_____

2 한국어 뜻을 보고 러시아어로 대화를 완성해 보세요.

A: 그는 어디로 가고 있니?
A: _____

B: 그는 공원으로 가고 있어. ★ 공원 парк
B: _____

A: 너는 가게로 가고 있니? ★ 가게 магази́н
A: _____

B: 아니, 나는 백화점으로 가고 있어. ★ 백화점 универмáг
B: _____

A: 대학생들은 강의실로 가고 있니? ★ 강의실 аудито́рия

A: _____

B: 아니, 그들은 도서관으로 가고 있어.

B: _____

A: 부모님은 어디로 가고 있나요?

A: _____

B: 그들은 직장으로 가고 있어요(일하러 가요). ★ 일, 직장 рабо́та

B: _____

A: 너희는 지금 집으로 가고 있니?

A: _____

B: 네, 우리는 집으로 가고 있어요.

B: _____

3 идти́ 동사의 현재 시제 변화형 어미를 떠올리며 빈칸을 채워 보세요.

я	
ты	
он / она́	
мы	
вы	
они́	

정답

1 Ива́н идёт в теа́тр. / Куда́ вы идёте? / Ма́ма идёт в апте́ку. / Они́ иду́т домо́й. / Мы идём на стадио́н.

2 Куда́ он идёт? / Он идёт в парк. / Ты идёшь в магази́н? / Нет, я иду́ в универма́г. / Студе́нты иду́т в аудито́рию? / Нет, они́ иду́т в библиоте́ку. / Куда́ иду́т роди́тели? / Они́ иду́т на рабо́ту. / Вы идёте домо́й сейча́с? / Да, мы идём домо́й.

3 иду́ / идёшь / идёт / идём / идёте / иду́т

День 39 그는 학교에 다닙니다.

4단계　Дата:

오늘은 동작 동사(부정태)를 학습하겠습니다.

1 오늘의 도전 문장

오늘의 도전 문장을 듣고 따라해 보세요.

| 그는 대학교에 다닙니다. | Он хо́дит в университе́т. |
| 나는 매일 도서관에 다닙니다. | Ка́ждый день я хожу́ в библиоте́ку. |

Заметки

강의를 듣고 메모해 보세요.

2 오늘의 학습 내용

이번 시간에는 '가다, 다니다'라는 뜻의 부정태 ходи́ть 동사를 알아보겠습니다. 이 동사는 교통수단을 타지 않고 '걸어서 여러 방향으로 가다'라는 뜻을 나타냅니다. 왕복의 의미를 나타내기 때문에 보통 '다니다'로 해석합니다. -ить로 끝나는 2식 동사이며 현재 시제에서 규칙 변화합니다. 그럼 현재형 동사 변화를 알아볼까요?

ходи́ть (걸어서) 다니다			
я	хожу́	мы	хо́дим
ты	хо́дишь	вы	хо́дите
он / она́	хо́дит	они́	хо́дят

부정태 동사 또한 목적지는 전치사 в/на와 함께 대격을 써서 '~(으)로 가다'라고 표현합니다. 그런데 부정태 동사는 정해지지 않은 방향을 나타내기 때문에 전치사 по와 함께 여격을 써서 '~(으)로, 여기저기를'이라는 의미를 표현하기도 합니다.

в	на	по
~에(서) / ~안에	~에(서) / ~위에	~(으)로, 여기저기로
닫힌 공간 (행정 구역, 건물, 기관 등)	열린 공간 (자연환경, 방위, 사건, 행사 등)	(방향이 정해지지 않은 형태)

Заметки

강의를 듣고 메모해 보세요.

앞에서 배운 여격 어미 기억하시나요? 시간을 나타내는 명사를 전치사 по와 함께 여격 복수형으로 쓰면 '~(시간)마다'라는 의미를 표현할 수 있습니다. 부정태 동사 ходи́ть은 '다니다'라는 뜻으로 반복적인 이동, 동작을 나타내기 때문에 빈도 부사 혹은 по+요일(여격)과도 자주 함께 사용합니다.

~요일		~요일에	~요일마다
월요일	понеде́льник	в понеде́льник	по понеде́льникам
화요일	вто́рник	во вто́рник	по вто́рникам
수요일	среда́	в сре́ду	по среда́м
목요일	четве́рг	в четве́рг	по четверга́м
금요일	пя́тница	в пя́тницу	по пя́тницам
토요일	суббо́та	в суббо́ту	по суббо́там
일요일	воскресе́нье	в воскресе́нье	по воскресе́ньям

 예문

그는 걸어서 대학교를 다닌다.	Он хо́дит в университе́т пешко́м.
우리는 금요일마다 도서관을 다닌다.	Мы хо́дим в библиоте́ку по пя́тницам.

★ ходи́ть 동사 자체가 '걸어서'라는 뜻을 내포하고 있지만 '걸어서'라는 뜻의 부사 пешко́м과 자주 함께 사용하니 기억해 두세요!

Упражнения 연습 문제

1 다음 주어진 보기를 활용하여 한국어 뜻을 보고 러시아어로 문장을 써 보세요.

> **보기**
> 걸어서 пешко́м 저녁 ве́чер 소녀 де́вочка 직장 рабо́та

내 친구는 걸어서 다니는 것을 좋아합니다. (남)
_____

학생들은 매일 학교(초중고)에 다닙니다.
_____

아빠는 저녁마다 가게에 갑니다.
_____

이 소녀는 도시 여기저기를 다닙니다.
_____

부모님은 걸어서 직장에 다닙니다.
_____

2 한국어 뜻을 보고 러시아어로 대화를 완성해 보세요.

A: 너희는 토요일마다 어디 다니니?
A: _____

B: 우리는 토요일마다 수영장에 다녀. ★ 수영장 бассе́йн
B: _____

A: 그녀는 오페라를 좋아하나요?
A: _____

B: 네, 아주 좋아해요. 그래서 일요일마다 극장에 다녀요. ★ 그래서 поэ́тому
B: _____

A: 너 걷는 것을 좋아하니?
A: _____

День 39 | 3

B: 응, 좋아해. 나는 매일 공원 여기저기를 걸어 다녀.

B: _____

A: 딸이 몇 살이에요?

A: _____

B: 5살이에요. 제 딸은 유치원에 다녀요.   ★ 유치원 де́тский сад

B: _____

3 ходи́ть 동사의 현재 시제 변화형 어미를 떠올리며 빈칸을 채워 보세요.

я	
ты	
он / она́	
мы	
вы	
они́	

4 '~요일마다'라는 의미를 나타낼 수 있도록 빈칸을 채워 보세요.

	~요일	~요일마다
월요일	понеде́льник	
화요일	вто́рник	
수요일	среда́	
목요일	четве́рг	
금요일	пя́тница	
토요일	суббо́та	
일요일	воскресе́нье	

정답

1 Мой друг лю́бит ходи́ть пешко́м. / Ка́ждый день шко́льники хо́дят в шко́лу. / Па́па хо́дит в магази́н по вечера́м. / Э́та де́вочка хо́дит по го́роду. / Роди́тели хо́дят на рабо́ту пешко́м.

2 Куда́ вы хо́дите по суббо́там? / По суббо́там мы хо́дим в бассе́йн. / Она́ лю́бит о́перу? / Да, она́ о́чень лю́бит её, поэ́тому хо́дит в теа́тр по воскресе́ньям. / Ты лю́бишь ходи́ть пешко́м? / Да люблю́. Я хожу́ по па́рку ка́ждый день. / Ско́лько до́чери лет? / Ей 5 лет. Моя́ дочь хо́дит в де́тский сад.

3 хожу́ / хо́дишь / хо́дит / хо́дим / хо́дите / хо́дят

4 по понеде́льникам / по вто́рникам / по среда́м / по четверга́м / по пя́тницам / по суббо́там / по воскресе́ньям

День 39

День 40 — 어제 나는 박물관에 다녀왔어요.

학습목표: 오늘은 동작 동사 과거형을 학습하겠습니다.

1. 오늘의 도전 문장

오늘의 도전 문장을 듣고 따라해 보세요.

어제 너는 어디 다녀왔니?	Куда́ ты ходи́л вчера́?
어제 나는 박물관에 다녀왔어요.	Вчера́ я ходи́л в музе́й.

Заметки — 강의를 듣고 메모해 보세요.

2. 오늘의 학습 내용

이번 시간에는 동작 동사의 과거형을 알아보겠습니다. 먼저 부정태 동사 ходи́ть는 기존에 배운 동사와 같이 규칙 변화를 합니다. 그러나 정태 동사 идти́는 과거 시제에서 완전히 다른 형태가 되기 때문에 유의해서 기억해야 합니다.

	정태	부정태
(걸어서) 가다	идти́	ходи́ть

	남성	여성	중성	복수
가다 идти́	шёл	шла	шло	шли

예문

그는 직장에 가고 있었다.	Он шёл на рабо́ту.
그녀는 대학교로 가고 있었다.	Она́ шла в университе́т.

	남성	여성	중성	복수
다니다 ходи́ть	ходи́л	ходи́ла	ходи́ло	ходи́ли

예문

나는 박물관에 다녀왔다.	Я ходи́ла в музе́й.
우리는 경기장에 다녀왔다.	Мы ходи́ли на стадио́н.

전치사 к는 '~쪽으로, ~에게, ~한테' 등의 의미로 동작 동사와 함께 써서 방향을 나타냅니다. 따라서 러시아어로 '(사람)에게 가다'라는 표현을 할 때는 '전치사 к + 여격'을 씁니다. 예문를 통해 알아볼까요?

к + 여격 ~(에게)로	
나에게로	ко мне
우리에게로	к нам
당신에게로	к вам
그에게로	к нему́
친구에게로	к дру́гу
부모님에게로	к роди́телям
마샤에게로	к Ма́ше

 예문

그는 어제 할머니에게 갔다 왔어요.	Вчера́ он ходи́л к ба́бушке.
마샤는 우리에게 손님으로 왔었어요.	Ма́ша ходи́ла к нам в го́сти.

Заметки

강의를 듣고 메모해 보세요.

★ 인칭 대명사 1인칭 단수 여격 мне를 쓸 때 전치사는 к 대신 ко를 쓰고 3인칭 단수 ей, ему́, 3인칭 복수 им은 자음 н을 추가합니다.

★ гость는 손님이라는 뜻의 명사인데 '손님으로'라는 뜻의 в го́сти 형태로 동작 동사와 함께 자주 사용합니다.

Упражнения 연습 문제

1 다음 주어진 보기를 활용하여 한국어 뜻을 보고 러시아어로 문장을 써 보세요.

> **보기**
> 우체국 по́чта 파티 вечери́нка 저기로 туда́

엄마는 은행에 가고 있었나요?

___

우리는 아침에 공원에 갔다 왔어요.

___

낮에 나는 우체국에 다녀왔어요. (남)

___

나의 언니는 어제 파티에 갔다 왔어요.

___

아이들은 저기로 가고 있었나요?

___

2 한국어 뜻을 보고 러시아어로 대화를 완성해 보세요.

A: 너는 어제 뭐 했니? (여)

A: ___

B: 나는 어제 전시회에 다녀왔어. ★ 전시회 выставка

B: ___

A: 너희는 금요일에 어디 다녀왔니?

A: ___

B: 우리는 극장에 갔다 왔어요.

B: ___

A: 빅토르는 박물관에 다녀왔니?

A: ___

День 40 | 3

B: 아니요, 도서관에 다녀왔어요.

B: _____

A: 당신은 어제 집에 있었나요?

A: _____

B: 아니요, 저는 어제 친구들에게 손님으로 다녀왔어요. (친구들에게 갔다 왔어요.) (여)

B: _____

A: 너 약국 갔다 왔니? (남)

A: _____

B: 아니요, 의사에게 다녀왔어요.

B: _____

3 идти와 ходить의 과거 시제 변화형을 떠올리며 빈칸을 채워 보세요.

	남성	여성	중성	복수
가다 идти				
다니다 ходить				

4 한국어를 보고 러시아어로 빈칸을 채워 보세요.

그녀에게로	
선생님에게로	
아이들에게로	

정답

1 Мáма шла в банк? / Ýтром мы ходи́ли в парк. / Днём я ходи́л на пóчту. / Вчерá моя́ сестрá ходи́ла на вечери́нку. / Дéти шли тудá?

2 Что ты дéлала вчерá? / Вчерá я ходи́ла на вы́ставку. / Кудá вы ходи́ли в пя́тницу? / Мы ходи́ли в теáтр. / Ви́ктор ходи́л в музéй? / Нет, он ходи́л в библиотéку. / Вчерá вы бы́ли дóма? / Нет, вчерá я ходи́ла к друзья́м в гóсти. / Ты ходи́л в аптéку? / Нет, я ходи́л к врачý.

3 шёл, шла, шло, шли / ходи́л, ходи́ла, ходи́ло, ходи́ли

4 к ней / к учи́телю / к дéтям

День 41 우리는 지금 러시아에 있다.

5단계 Дата: .   .

오늘은 앞에서 배운 러시아어 명사의 전치격, 대격, 여격에 대해 복습해 보겠습니다.

1 오늘의 도전 문장

오늘의 도전 문장을 듣고 따라해 보세요.

우리는 지금 러시아에 있다.	Сейчáс мы в Росси́и.
너는 몇 살이니?	Скóлько тебé лет?

강의를 듣고 메모해 보세요.

2 오늘의 학습 내용

러시아어에는 여섯 가지 격이 존재합니다. 오늘은 그중 명사의 전치격, 대격, 여격을 복습해 보겠습니다. 먼저 장소를 표현할 때 주로 사용하는 전치격 어미를 떠올려 볼까요?

전치격 단수		
남성	여성	중성
-е	-е	-е
-е	-е	-е
-е	-и	-мени

전치격 복수		
남성	여성	중성
-ах	-ах	-ах
-ях	-ях	-ях
-ях	-ях	-менах

전치격 특수		
남성	여성	중성
-ий	-ия	-ие
-ии		

★ 장소 표현을 위해 전치격을 쓸 때는 각 전치사의 쓰임을 기억하며 문법에 알맞게 써야 합니다.

День 41 | 1

명사의 대격 어미를 떠올려 봅시다. 남성, 중성 명사의 경우 살아 있는 명사와 살아 있지 않은 명사의 형태가 다르니 주의해야 합니다.

강의를 듣고 메모해 보세요.

대격 단수		
남성 (비활동체)	여성	중성 (비활동체)
-자음	-у	-о
-й	-ю	-е
-ь	-ь	-мя

이번에는 '~에게'로 해석하며 주로 간접 목적어를 표현할 때 사용하는 여격 어미를 떠올려 볼까요?

여격 단수		
남성	여성	중성
-у	-е	-у
-ю	-е	-ю
-ю	-и	-мени

여격 복수		
남성	여성	중성
-ам	-ам	-ам
-ям	-ям	-ям
-ям	-ям	-менам

Упражнения 연습 문제

1 한국어를 보고 빈칸에 알맞은 전치사를 써 보세요.

1. 침대 위에 (　　　) крова́ти

2. 우체국에서 (　　　) по́чте

3. 강의실에서 (　　　) аудито́рии

2 한국어 뜻을 보고 러시아어로 문장을 써 보세요.

아빠는 어디에 있어?

_____

내 친구(여)는 스페인에서 일합니다.　　　　　　　　　　★ 스페인 Испа́ния

_____

기자들은 책 읽는 것을 좋아합니다.　　　　　　　　　　★ 읽다 чита́ть

_____

나의 오빠는 집에서 영어를 공부합니다.

_____

쏘냐는 이 사진이 마음에 듭니다.　　　　　　　　　　★ 사진 фо́то

_____

너 나한테 전화했었니?

_____

3 한국어 뜻을 보고 러시아어로 대화를 완성해 보세요.

A: 너는 지금 어디에 살고 있니?

A: _____

B: 나는 아르바트 거리에 살고 있어.   ★ 아르바트 거리 ýлица Арбáт

B: _____

A: 학생들은 선생님께 무엇을 선물하나요?

A: _____

B: 그들은 편지와 꽃다발을 선물합니다.   ★ 꽃다발 букéт цветóв

B: _____

A: 당신의 이름은 뭐예요?

A: _____

B: 저는 세르게이예요.

B: _____

4 한국어 뜻을 보고 러시아어로 빈칸을 채워 보세요.

친구들은 기숙사에 삽니다.

Друзья́ живу́т _____.

너 아빠한테 전화했었니?

Ты звони́л(а) _____ ?

우리는 러시아어와 문학을 공부합니다.   ★ 문학 литерату́ра

Мы изуча́ем _____ и _____.

정답

1 на / на / в

2 Где па́па? / Моя́ подру́га рабо́тает в Испа́нии. / Журнали́сты лю́бят чита́ть кни́ги. / Мой брат изуча́ет англи́йский язы́к до́ма. / Со́не нра́вится э́то фо́то. / Ты звони́л(а) мне?

3 Где ты живёшь сейча́с? / Я живу́ на у́лице Арба́т. / Что студе́нты да́рят учи́телю? / Они́ да́рят ему́ пи́сьма и буке́т цвето́в. / Как вас зову́т? / Меня́ зову́т Серге́й.

4 в общежи́тии / па́пе / ру́сский язы́к, литерату́ру

День 41 | 4

День 42 | 너는 어제 무엇을 했니?

5단계 Дата: .   .

학습목표: 오늘은 앞에서 배운 동사의 과거형을 복습해 보겠습니다.

1. 오늘의 도전 문장

오늘의 도전 문장을 듣고 따라해 보세요.

| 너는 어제 무엇을 했니? | Что ты де́лал вчера́? |
| 우리는 예전에 러시아에 살았어요. | Ра́ньше мы жи́ли в Росси́и. |

강의를 듣고 메모해 보세요.

2. 오늘의 학습 내용

과거 시제에서는 인칭이 아니라 성, 수에 따라 어미가 변하며 원형에서 ть를 떼고 주어에 맞게 각각의 어미를 붙이면 됩니다. 과거형 어미를 떠올려 볼까요?

남성	여성	중성	복수
-л	-ла	-ло	-ли

그동안 배운 동사의 과거형을 알아볼까요?

	남성	여성	중성	복수
하다	де́лал	де́лала	де́лало	де́лали
살다	жил	жила́	жи́ло	жи́ли
보다	смотре́л	смотре́ла	смотре́ло	смотре́ли
알다	знал	зна́ла	зна́ло	зна́ли
일하다	рабо́тал	рабо́тала	рабо́тало	рабо́тали
공부하다	изуча́л	изуча́ла	изуча́ло	изуча́ли
이해하다	понима́л	понима́ла	понима́ло	понима́ли
사랑하다	люби́л	люби́ла	люби́ло	люби́ли
말하다	говори́л	говори́ла	говори́ло	говори́ли
전화하다	звони́л	звони́ла	звони́ло	звони́ли
선물하다	дари́л	дари́ла	дари́ло	дари́ли
~(이)다, 있다	был	была́	бы́ло	бы́ли
~에서 공부하다	учи́лся	учи́лась	учи́лось	учи́лись

★ быть 동사 과거형의 여성, 중성은 강세의 위치에 주의하여 발음하세요.

★ -ся로 끝나는 동사는 원형에서 ть를 떼고 성, 수에 따라 л, ла, ло, ли를 붙인 뒤 남성은 ся, 여성, 중성, 복수는 сь를 붙입니다.

강의를 듣고 메모해 보세요.

어제 우리는 숙제를 했습니다.	Вчера́ мы де́лали дома́шнее зада́ние.
나는 러시아에 살았어요. (여)	Я жила́ в Росси́и.
너는 어제 무슨 영화를 봤니? (남)	Како́й фильм ты вчера́ смотре́л?
예전에 나는 러시아어를 잘 알았어요. (여)	Ра́ньше я хорошо́ зна́ла ру́сский язы́к.
엄마는 대학교에서 일했어요.	Ма́ма рабо́тала в университе́те.
친구들은 수학을 공부했습니다.	Друзья́ изуча́ли матема́тику.
아빠는 아들을 이해했어요.	Па́па понима́л сы́на.
할머니는 사탕을 좋아했습니다.	Ба́бушка люби́ла конфе́ты.
아이들은 러시아어로 훌륭하게 말했습니다.	Де́ти отли́чно говори́ли по-ру́сски.
너 나한테 전화했었니? (남)	Ты звони́л мне?
대학생들은 선생님께 꽃을 선물했습니다.	Студе́нты дари́ли преподава́телю цветы́.
나는 광장에 갔었어요. (여)	Я была́ на пло́щади.
우리는 МГУ에서 공부했어요.	Мы учи́лись в МГУ.

Упражнения 연습 문제

 다음 주어진 보기를 활용하여 한국어 뜻을 보고 러시아어로 문장을 써 보세요.

> **보기**
> 소파 дива́н 병원 больни́ца 수업 уро́к 오늘 сего́дня

나는 모스크바에 있었어요. (여)

___

책과 공책이 소파 위에 있었어요.

___

내 여동생은 그를 좋아했었어요.

___

예전에 할아버지는 병원에서 일했어요.

___

오늘 수업에서 우리는 역사를 공부했어요.

___

너희는 러시아 발레를 봤니?

___

2 한국어 뜻을 보고 러시아어로 대화를 완성해 보세요.

A: 아빠, 어제 뭐 하셨어요?

A: ___

B: 어제 극장에서 연극을 봤어. ★ 연극 спекта́кль

B: ___

A: 너희 어디에 있었니?

A: ___

B: 우리는 도서관에 있었어.

B: ___

A: 그녀는 중국에서 공부했었나요?

A: _____

B: 아니요, 그녀는 일본에서 공부했었어요.

B: _____

A: 할머니는 아침에 무엇을 읽었나요?

A: _____

B: 그녀는 신문을 읽었어요.   ★ 신문 газе́та

B: _____

A: 너 숙제했니? (남)

A: _____

B: 응, 어제 저녁에 했어.

B: _____

3 과거 시제 어미를 떠올리며 주어진 동사를 과거형으로 바꿔 보세요.

	남성	여성	중성	복수
읽다 чита́ть				
생각하다 ду́мать				
산책하다 гуля́ть				
마시다 пить				

정답

1 Я была́ в Москве́. / Кни́га и тетра́дь бы́ли на дива́не. / Моя́ мла́дшая сестра́ люби́ла его́. / Ра́ньше де́душка рабо́тал в больни́це. / Сего́дня мы изуча́ли исто́рию на уро́ке. / Вы смотре́ли ру́сский бале́т?

2 Па́па, что ты де́лал вчера́? / Вчера́ я смотре́л спекта́кль в теа́тре. / Где вы бы́ли? / Мы бы́ли в библиоте́ке. / Она́ учи́лась в Кита́е? / Нет, она́ учи́лась в Япо́нии. / Что ба́бушка чита́ла у́тром? / Она́ чита́ла газе́ту. / Ты де́лал дома́шнее зада́ние? / Да, я де́лал дома́шнее зада́ние вчера́ ве́чером.

3 чита́л, чита́ла, чита́ло, чита́ли / ду́мал, ду́мала, ду́мало, ду́мали / гуля́л, гуля́ла, гуля́ло, гуля́ли / пил, пила́, пи́ло, пи́ли

День 43 그는 어제 경기장에 다녀왔다.

5단계   Дата:

학습목표: 오늘은 앞에서 배운 동작 동사를 복습해 보겠습니다.

1. 오늘의 도전 문장

오늘의 도전 문장을 듣고 따라해 보세요.

그는 어제 경기장에 다녀왔다.	Вчера́ он ходи́л на стадио́н.
너는 어디 가고 있니?	Куда́ ты идёшь?

Заметки

강의를 듣고 메모해 보세요.

2. 오늘의 학습 내용

동작 동사를 쓸 때 목적지는 주로 전치사 в/на + 대격으로 표현한다고 배웠습니다. 이때 전치사의 쓰임에 주의해야 합니다. 예시를 통해 알아볼까요?

대학교로	**в университе́т**
약국으로	**в апте́ку**
우체국으로	**на по́чту**
수업으로	**на уро́к**

움직임을 나타내는 동작 동사는 방향이 정해진 형태로 한 방향으로 움직일 때 사용하는 정태와, 방향이 정해지지 않은 형태로 여러 방향 혹은 왕복일 때 사용하는 부정태로 나뉩니다. 앞에서 우리는 교통수단을 타지 않고 '걸어서 가다, 다니다' 동사를 배웠는데요, 시제별 동사 변형을 떠올려 봅시다.

идти́ (걸어서) 가다			
я	иду́	мы	идём
ты	идёшь	вы	идёте
он / она́	идёт	они́	иду́т

	남성	여성	중성	복수
가다 идти́	шёл	шла	шло	шли

예문

나는 학교로 가고 있다.	Я иду́ в шко́лу.
우리는 약국으로 가고 있다.	Мы идём в апте́ку.
그는 우체국으로 가고 있다.	Он идёт на по́чту.
그들은 학교로 가고 있었나요?	Они́ шли в шко́лу?
부모님은 공원으로 가고 있었어요.	Роди́тели шли в парк.

ходи́ть (걸어서) 다니다			
я	хожу́	мы	хо́дим
ты	хо́дишь	вы	хо́дите
он / она́	хо́дит	они́	хо́дят

	남성	여성	중성	복수
다니다 ходи́ть	ходи́л	ходи́ла	ходи́ло	ходи́ли

예문

그는 걸어서 학교를 다닌다.	Он хо́дит в шко́лу пешко́м.
나는 경기장을 다닌다.	Я хожу́ на стадио́н.
그녀는 영화관에 다녀왔다.	Она́ ходи́ла в кинотеа́тр.
우리는 동물원에 다녀왔다.	Мы ходи́ли в зоопа́рк.
그들은 서커스에 다녀왔다.	Они́ ходи́ли в цирк.

Заметки

강의를 듣고 메모해 보세요.

Упражнения 연습 문제

1. 다음 주어진 보기를 활용하여 한국어 뜻을 보고 러시아어로 문장을 써 보세요.

> **보기**
> 수영장 бассе́йн 박물관 музе́й 월요일 понеде́льник 병원 больни́ца

우리는 극장으로 가는 중이다.
_____

그들은 어디 가고 있니?
_____

학생들은 수영장으로 가는 중이다.
_____

아빠는 아침에 운동장에 다녀왔다.
_____

너 박물관 다녀왔니? (남)
_____

우리는 월요일마다 병원에 다닌다.
_____

2. 한국어 뜻을 보고 러시아어로 대화를 완성해 보세요.

A: 너 어디 가는 중이니?

A: _____

B: 나는 지금 상점에 가고 있어.

B: _____

A: 아이들은 공원에 다녀왔나요?

A: _____

B: 아니요, 그들은 전시회에 다녀왔어요.

B: _____

A: 너 학교 가는 중이니?

A: _____

B: 아니, 나는 도서관에 가고 있어.

B: _____

A: 당신은 공원에 자주 다니나요?

A: _____

B: 네, 저는 공원에서 산책하는 것을 좋아해요.　　　　★ 산책하다 гулять

B: _____

A: 너는 어제 학교에 다녀왔니? (여)

A: _____

B: 응, 나는 어제 학교에 다녀왔어.

B: _____

A: 금요일에 엄마는 우체국에 갔었나요?

A: _____

B: 아니요, 그녀는 우체국에 가지 않았어요.

B: _____

정답

1. Мы идём в театр. / Куда они идут? / Студенты идут в бассейн. / Утром папа ходил на стадион. / Ты ходил в музей? / Мы ходим в больницу по понедельникам.
2. Куда ты идёшь? / Сейчас я иду в магазин. / Дети ходили в парк? / Нет, они ходили на выставку. / Ты идёшь в школу? / Нет, я иду в библиотеку. / Вы часто ходите в парк? / Да, я люблю гулять в парке. / Ты вчера ходила в школу? / Да, вчера я ходила в школу. / В пятницу мама ходила на почту? / Нет, она не ходила на почту.

День 44 우리는 모스크바로 가고 있어요.

5단계 Дата:

학습 목표: 오늘은 또 다른 동작 동사(정태)를 학습하겠습니다.

1 오늘의 도전 문장

오늘의 도전 문장을 듣고 따라해 보세요.

| 너희는 어디 가고 있니? | Куда́ вы е́дете? |
| 우리는 모스크바로 가고 있어요. | Мы е́дем в Москву́. |

강의를 듣고 메모해 보세요.

2 오늘의 학습 내용

그동안 우리는 '교통수단을 타지 않고 가다, 다니다'라는 뜻의 동작 동사를 배웠습니다. 이번에는 '교통수단을 타고 가다'라는 의미를 가진 동작 동사를 알아보겠습니다. 이때도 동일하게 방향이 정해진 형태로 한 방향으로 움직일 때 사용하는 정태와, 방향이 정해지지 않은 형태로 여러 방향 혹은 왕복일 때 사용하는 부정태 두 가지가 존재합니다.

그럼 먼저 '교통수단을 타고 가다'라는 뜻의 정태 동사 е́хать을 알아보겠습니다. -ать로 끝나는 1식 동사인데, 현재 시제에서 기존에 -ть를 떼고 인칭에 따른 어미를 붙였던 것과 달리 -ать를 모두 뗀 채로 변화형 어미를 붙여야 하며 이때 어근 ех가 ед로 바뀝니다. 따라서 현재 변화형을 주의해서 기억해야 합니다.

е́хать (타고) 가다			
я	е́ду	мы	е́дем
ты	е́дешь	вы	е́дете
он / она́	е́дет	они́	е́дут

이번에는 과거형을 알아봅시다. 과거형은 현재형과 달리 기존 동사의 과거형 변화처럼 원형 е́хать에서 -ть를 떼고 성, 수에 따라 알맞은 어미를 붙이면 됩니다. 현재형에서는 어근이 ед로 바뀌었지만 과거형은 그대로이므로 주의합시다.

	남성	여성	중성	복수
가다 е́хать	е́хал	е́хала	е́хало	е́хали

목적지는 전치사 в / на와 함께 대격을 써서 '~(으)로 가다'라고 표현합니다. 전치사 в와 на의 쓰임은 앞에서 배운 내용과 동일합니다.

강의를 듣고 메모해 보세요.

в + 대격	на + 대격
~로	~로
닫힌 공간 (행정 구역, 건물, 기관 등)	열린 공간 (자연환경, 방위, 사건, 행사 등)

예시

서울로	в Сеу́л
모스크바로	в Москву́
우체국으로	на по́чту

의문사 역시 '어디로'라는 뜻의 куда́를 씁니다.

어디로	куда́

예문

너는 어디 가고 있니?	Куда́ ты е́дешь?
나는 프랑스로 가는 중이야.	Я е́ду во Фра́нцию.
너는 서울로 가고 있니?	Ты е́дешь в Сеу́л?
그는 우체국으로 가고 있었다.	Он е́хал на по́чту.
그녀는 모스크바로 가고 있었다.	Она́ е́хала в Москву́.

★ 프랑스 Фра́нция는 전치사 во와 함께 씁니다.

Упражнения 연습 문제

1 다음 주어진 보기를 활용하여 한국어 뜻을 보고 러시아어로 문장을 써 보세요.

> **보기**
> 블라디보스토크 Владивосто́к   퇴근 후에 по́сле рабо́ты   집으로 домо́й

언니는 블라디보스토크로 가는 중입니다.
_____

우리는 서울로 가는 중입니다.
_____

너는 퇴근 후에 집으로 가니?
_____

너희는 학교 가고 있니?
_____

나는 극장으로 가는 중입니다.
_____

2 한국어 뜻을 보고 러시아어로 대화를 완성해 보세요.

A: 빅토르는 어디로 가고 있나요?

A: _____

B: 그는 시골로 가는 중입니다.

B: _____

A: 안나는 모스크바로 가고 있었나요?

A: _____

B: 아니요, 상트페테르부르크로 가고 있었어요.

B: _____

A: 학생들은 집으로 가고 있었나요?

A: _____

B: 아니요, 그들은 백화점으로 가고 있었어요.

B: _____

A: 엄마는 할머니에게 가고 있었나요?

A: _____

B: 네, 아침에 할머니에게 가고 있었어요.

B: _____

3. éхать 동사의 현재형, 과거형 어미를 떠올리며 빈칸을 채워 보세요.

я	
ты	
он / она́	
мы	
вы	
они́	

	남성	여성	중성	복수
가다 éхать				

정답

1. Ста́ршая сестра́ е́дет во Владивосто́к. / Мы е́дем в Сеу́л. / По́сле рабо́ты ты е́дешь домо́й? / Вы е́дете в шко́лу? / Я е́ду в теа́тр.
2. Куда́ Ви́ктор е́дет? / Он е́дет в дере́вню. / А́нна е́хала в Москву́? / Нет, она́ е́хала в Санкт-Петербу́рг. / Студе́нты е́хали домо́й? / Нет, они́ е́хали в универма́г. / Ма́ма е́хала к ба́бушке? / Да, у́тром она́ е́хала к ней.
3. е́ду / е́дешь / е́дет / е́дем / е́дете / е́дут / е́хал / е́хала / е́хало / е́хали

День 45 너는 언제 러시아에 다녀왔니?

5단계 Дата:

학습목표 오늘은 또 다른 동작 동사(부정태)를 학습하겠습니다.

1 오늘의 도전 문장

오늘의 도전 문장을 듣고 따라해 보세요.

| 너는 언제 러시아에 다녀왔니? | Когда́ ты е́здила в Росси́ю? |
| 나는 여름에 러시아에 다녀왔어. | Я е́здила в Росси́ю ле́том. |

Заметки 강의를 듣고 메모해 보세요.

2 오늘의 학습 내용

이번 시간에는 '교통수단을 타고 다니다'라는 뜻의 부정태 동사 е́здить을 알아보겠습니다. 부정태 동사이기 때문에 방향이 정해지지 않아서 여러 방향을 움직이거나 왕복으로 이동할 때 사용합니다. -ить로 끝나는 2식 동사로 현재 시제에서 -ить를 떼고 인칭에 따른 어미를 붙이는 것은 같지만 1인칭 단수형에는 어미 앞에 자음 д가 ж로 바뀌므로 주의해서 기억해야 합니다.

е́здить (타고) 다니다			
я	е́зжу	мы	е́здим
ты	е́здишь	вы	е́здите
он / она́	е́здит	они́	е́здят

예문

나는 지하철을 타고 도서관에 다닙니다.	Я е́зжу в библиоте́ку на метро́.
안톤은 항상 차를 타고 직장에 다닌다.	Анто́н всегда́ е́здит на рабо́ту на маши́не.
우리는 버스를 타고 학교에 다닌다.	Мы е́здим в университе́т на авто́бусе.

이제 과거형을 알아볼까요? 기존 동사의 과거형 변화처럼 원형 éздить에서 -ть를 떼고 성, 수에 따라 알맞은 어미를 붙이면 됩니다.

강의를 듣고 메모해 보세요.

	남성	여성	중성	복수
다니다 éздить	éздил	éздила	éздило	éздили

éздить은 교통수단을 타고 이동할 때 쓰는 동사입니다. 러시아어로 교통수단을 표현할 때는 전치사 на와 함께 교통수단을 전치격으로 써야 합니다.

(교통수단)을 타고	на + 교통수단(전치격)
버스를 타고	на автóбусе
기차를 타고	на пóезде
지하철을 타고	на метрó
택시를 타고	на таксú

★ 지하철과 택시는 격 변화하지 않는 불변 명사입니다.

예문

너는 무엇을 타고 부산에 다녀왔니? (여)	На чём ты éздила в Пусáн?
나는 기차를 타고 부산에 다녀왔어.	Я éздила в Пусáн на пóезде.

★ На чём은 '무엇을 타고'라는 뜻으로 의문사 что를 전치격으로 바꾼 뒤 전치사 на와 함께 쓴 형태입니다.

Упражнения 연습 문제

1 다음 주어진 보기를 활용하여 한국어 뜻을 보고 러시아어로 문장을 써 보세요.

> **보기**
> 매일 ка́ждый день 차 маши́на 백화점 универма́г 주말에 в выходны́е

할아버지는 매일 병원에 다닙니다.
_____

빅토르는 저녁마다 어디에 다니니?
_____

나는 차를 타고 백화점에 다녀왔다.
_____

주말에 부모님은 시골에 다녀왔다.
_____

너희는 어디에 다녀왔니?
_____

2 한국어 뜻을 보고 러시아어로 대화를 완성해 보세요.

A: 너희는 매일 어디 다니니?

A: _____

B: 우리는 매일 헬스장에 다녀. ★ 헬스장 фи́тнес-центр

B: _____

A: 너희는 버스를 타고 서울에 다녀왔니?

A: _____

B: 아니요, 우리는 기차를 타고 다녀왔어요.

B: _____

A: 안나는 공항에 다녀왔니? ★ 공항 аэропо́рт

A: _____

B: 응, 그녀는 택시 타고 다녀왔어.

B: _____

A: 사람들은 무엇을 타고 직장에 다니나요?

A: _____

B: 보통 지하철을 타고 다녀요.

B: _____

3 е́здить 동사의 현재형, 과거형 어미를 떠올리며 빈칸을 채워 보세요.

я	
ты	
он / она́	
мы	
вы	
они́	

	남성	여성	중성	복수
다니다 е́здить				

정답

1 Ка́ждый день де́душка е́здит в больни́цу. / Куда́ е́здит Ви́ктор по вечера́м? / Я е́здил(а) в универма́г на маши́не. / В выходны́е роди́тели е́здили в дере́вню. / Куда́ вы е́здили?

2 Куда́ вы е́здите ка́ждый день? / Ка́ждый день мы е́здим в фи́тнес-центр. / Вы е́здили в Сеу́л на авто́бусе? / Нет, мы е́здили на по́езде. / А́нна е́здила в аэропо́рт? / Да, она́ е́здила на такси́. / На чём лю́ди е́здят на рабо́ту? / Обы́чно лю́ди е́здят на рабо́ту на метро́.

3 е́зжу, е́здишь, е́здит, е́здим, е́здите, е́здят, е́здил, е́здила, е́здило, е́здили

День 45

День 46: 그녀는 기차를 타고 부산에 다녀왔다.

MP3-46

5단계 Дата:

학습목표 오늘은 그동안 배운 동작 동사를 총정리해 보겠습니다.

1. 오늘의 도전 문장

오늘의 도전 문장을 듣고 따라해 보세요.

그녀는 기차를 타고 부산에 다녀왔다.	Она́ е́здила в Пуса́н на по́езде.
우리는 대학교에 다닌다.	Мы хо́дим в университе́т.

Заметки

강의를 듣고 메모해 보세요.

2. 오늘의 학습 내용

그동안 배운 '가다'를 뜻하는 동작 동사 4가지 기억하시나요? 각 동사의 현재형, 과거형 변화를 떠올려 봅시다.

идти́ (걸어서) 가다

я	иду́	мы	идём
ты	идёшь	вы	идёте
он / она́	идёт	они́	иду́т

	남성	여성	중성	복수
가다 идти́	шёл	шла	шло	шли

ходи́ть (걸어서) 다니다

я	хожу́	мы	хо́дим
ты	хо́дишь	вы	хо́дите
он / она́	хо́дит	они́	хо́дят

	남성	여성	중성	복수
다니다 ходи́ть	ходи́л	ходи́ла	ходи́ло	ходи́ли

éхать (타고) 가다

я	éду	мы	éдем
ты	éдешь	вы	éдете
он / онá	éдет	они́	éдут

	남성	여성	중성	복수
가다 éхать	éхал	éхала	éхало	éхали

éздить (타고) 다니다

я	éзжу	мы	éздим
ты	éздишь	вы	éздите
он / онá	éздит	они́	éздят

	남성	여성	중성	복수
다니다 éздить	éздил	éздила	éздило	éздили

예문

너 어디 가는 중이니?	Кудá ты идёшь?
우리는 학교에 걸어서 다닌다.	Мы хóдим в шкóлу пешкóм.
그는 모스크바로 가고 있었다.	Он éхал в Москвý.
너희는 버스를 타고 부산에 다녀왔니?	Вы éздили в Пусáн на автóбусе?

Упражнения 연습 문제

1 다음 주어진 보기를 활용하여 한국어 뜻을 보고 러시아어로 문장을 써 보세요.

> **보기**
> 전시회 вы́ставка   영화관 кинотеа́тр   스페인 Испа́ния   보통 обы́чно   걸어서 пешко́м   집으로 домо́й

우리는 전시회에 (걸어서) 가고 있다.
_____

너희 도서관 가고 있니?
_____

부모님은 차를 타고 영화관에 가고 있습니다.
_____

나는 예전에 스페인에 다녀왔어요.
_____

보통 그들은 걸어서 학교에 가고 지하철을 타고 집으로 옵니다.
_____

2 한국어 뜻을 보고 러시아어로 대화를 완성해 보세요.

A: 너는 목요일에 차 타고 어디 다녀왔니?

A: _____

B: 수영장에 다녀왔어.

B: _____

A: 그는 지금 학교에 가고 있습니까?

A: _____

B: 아니요, 박물관에 가고 있습니다.

B: _____

A: 당신은 어디에서 일하시나요?

A: _____

B: 저는 은행에서 일해요.

B: _____

A: 직장에 무엇을 타고 다니세요?

A: _____

B: 버스를 타고 다녀요.

B: _____

A: 너 마샤에게 다녀왔니?

A: _____

B: 응, 어제 손님으로 다녀왔어.

B: _____

A: 그녀는 어디로 가고 있나요?

A: _____

B: 그녀는 의사에게 가고 있어요.

B: _____

정답

1 Мы идём на выставку. / Вы идёте в библиотеку? / Родители едут в кинотеатр на машине. / Раньше я ездил(а) в Испанию. / Обычно они идут в школу пешком, а домой едут на метро.

2 Куда ты ездил(а) на машине в четверг? / Я ездил(а) в бассейн. / Он идёт в школу сейчас? / Нет, он идёт в музей. / Где вы работаете? / Я работаю в банке. / На чём вы ездите на работу? / На автобусе. / Ты ходил(а) к Маше? / Да, вчера ходил(а) к ней в гости. / Куда она идёт? / Она идёт к врачу.

День 47 어떻게 지내?

5단계 Дата:

학습목표: 오늘은 인칭 대명사의 생격과 소유 구문을 학습하겠습니다.

1. 오늘의 도전 문장

오늘의 도전 문장을 듣고 따라해 보세요.

| 어떻게 지내? | Как у тебя́ дела́? |
| 너 시간 있니? | У тебя́ есть вре́мя? |

2. 오늘의 학습 내용

오늘은 두 번째 격인 생격을 학습하겠습니다. 생격은 주로 소유(~의) 의미를 나타낼 때 사용합니다. 먼저 인칭 대명사의 생격을 알아보겠습니다. 인칭 대명사의 생격은 앞에서 배운 대격과 형태가 동일합니다.

	주격	생격
나	я	меня́
너	ты	тебя́
그 / 그녀	он / она́	его́ / её
우리	мы	нас
너희 / 당신	вы	вас
그들	они́	их

인칭 대명사의 생격을 활용해서 소유 구문을 만들 수 있습니다. 소유하는 주체를 전치사 у와 함께 생격으로 쓰고 소유하는 대상을 주격으로 씁니다. 이때 '있다'라는 의미는 동사 есть로 쓰는데 이 동사는 형태가 변하지 않고 항상 동일하며 생략하기도 합니다.

 Заметки

강의를 듣고 메모해 보세요.

★ 인칭 대명사의 생격을 전치사 у와 함께 쓸 때 모음으로 시작하는 его́, её, их는 단어 앞에 н을 붙입니다. (예: у него́)

| 전치사 y + 생격(소유하는 주체) + (есть) + 주격(소유하는 대상) |||

Заметки

강의를 듣고 메모해 보세요.

너 시간 있니?	У тебя́ есть вре́мя?
응, 나 시간 있어.	Да, у меня́ есть вре́мя.
저 질문 있어요.	У меня́ есть вопро́с.

안부를 묻고 답할 때도 소유 구문을 활용합니다. 회화에서는 주로 'y+생격'을 생략한 짧은 형태로 말합니다.

너는 어떻게 지내니?	Как у тебя́ дела́?
좋아. (잘 지내)	Хорошо́.
괜찮아. (보통이야.)	Норма́льно.
모든 것이 다 괜찮아.	Всё в поря́дке.
그저 그래.	Та́к себе́.

★ Та́к себе́는 예외적으로 강세가 표현 자체에 있으니 꼭 기억하세요!

Упражнения 연습 문제

1 다음 주어진 보기를 활용하여 한국어 뜻을 보고 러시아어로 문장을 써 보세요.

> **보기**
> 돈 де́ньги 부탁 про́сьба

나는 언니가 있다.
_____

너 돈 있니?
_____

저 부탁이 있어요.
_____

그들에게는 아이들이 있어요.
_____

그는 교과서가 있나요?
_____

2 한국어 뜻을 보고 러시아어로 대화를 완성해 보세요.

A: 안녕! 어떻게 지내?

A: _____

B: 그저 그래. 너는?

B: _____

A: 나는 모든 것이 괜찮아.

A: _____

A: 그녀는 어떻게 지내요?

A: _____

B: 그녀 또한 잘 지내요.

B: _____

A: 당신은 어떻게 지내십니까?

A: _____

B: 보통이에요.

B: _____

A: 그녀에게 오빠가 있나요?

A: _____

B: 아니요, 언니가 있어요.

B: _____

A: 너 우유 좋아하니?

A: _____

B: 아니, 안 좋아해. 나는 우유 알러지가 있어.   ★ 우유 알러지 аллергия на молоко

B: _____

3 인칭 대명사의 주격을 보고 생격을 써 보세요.

я	
ты	
он / она́	
мы	
вы	
они́	

정답

1. У меня́ есть сестра́. / У тебя́ есть де́ньги? / У меня́ есть про́сьба. / У них есть де́ти. / У него́ есть уче́бник?
2. Приве́т! Как у тебя́ дела́? / Та́к себе. А у тебя́? / У меня́ всё в поря́дке. / Как у неё дела́? / У неё то́же хорошо́. / Как у вас дела́? / Норма́льно. / У неё есть ста́рший брат? / Нет, у неё есть ста́ршая сестра́. / Ты лю́бишь молоко́? / Нет, я не люблю́. У меня́ есть аллерги́я на молоко́.
3. меня́ / тебя́ / его́ / её / нас / вас / их

 **48** 모스크바는 러시아의 수도입니다.

День 5단계 Дата:

학습목표 오늘은 러시아어 명사의 생격을 학습하겠습니다.

1 오늘의 도전 문장

오늘의 도전 문장을 듣고 따라해 보세요.

| 모스크바는 러시아의 수도입니다. | Москва́ – э́то столи́ца Росси́и. |
| 서울은 한국의 수도입니다. | Сеу́л – э́то столи́ца Коре́и. |

강의를 듣고 메모해 보세요.

2 오늘의 학습 내용

이번에는 명사의 생격을 배우겠습니다. 먼저 남성부터 알아보겠습니다. 남성 명사 중 자음으로 끝나는 명사는 단어의 끝에 а를 붙이고, й, ь로 끝나는 명사는 각각 й, ь를 지우고 я를 붙입니다. 예시를 통해 알아보겠습니다.

남성

-자음 + а	-й → я	-ь → я
대학생	주인공	선생님
студе́нт → студе́нта	геро́й → геро́я	учи́тель → учи́теля

여성은 а로 끝나는 명사는 а를 지우고 ы를 붙이고 я, ь로 끝나는 명사는 я, ь를 지우고 각각 и를 붙입니다.

여성

-а → ы	-я → и	-ь → и
엄마	기사	광장
ма́ма → ма́мы	статья́ → статьи́	пло́щадь → пло́щади

중성은 о로 끝나는 명사는 о를 지우고 а를, е로 끝나는 명사는 е를 지우고 я를 붙입니다. мя로 끝나는 명사는 мя를 지우고 мени를 붙입니다.

중성		
-о → а	-е → я	-мя → мени
하늘 не́бо → не́ба	바다 мо́ре → мо́ря	이름 и́мя → и́мени

러시아어에서는 명사 2개를 나란히 쓰고 뒤에 오는 명사를 생격으로 써서 '~의'라는 의미를 나타낼 수 있습니다. 그런데 이때 한국어와 러시아어의 어순이 다릅니다. 한국어로는 '엄마의 가방'이라고 쓰지만 러시아어로는 '가방', '엄마'의 순서로 쓰고 '엄마'를 생격으로 바꿔야 동일한 의미를 표현할 수 있습니다. 어순과 생격 변화에 꼭 주의해야 합니다.

 예문

엄마의 가방	су́мка ма́мы
엄마의 가방은 어디에 있니?	Где су́мка ма́мы?
영화 제목	назва́ние фи́льма
너는 영화 제목을 아니?	Ты зна́ешь назва́ние фи́льма?
시내	центр го́рода
여기는 시내입니다.	Здесь центр го́рода.
회사의 사장	дире́ктор компа́нии
그는 회사 사장입니다.	Он дире́ктор компа́нии.
작가의 펜	ру́чка писа́теля
이것은 작가의 펜이다.	Э́то ру́чка писа́теля.
러시아 역사	исто́рия Росси́и
나는 러시아 역사를 공부합니다.	Я изуча́ю исто́рию Росси́и.

 Заметки

강의를 듣고 메모해 보세요.

Упражнения 연습 문제

1 다음 명사를 생격으로 바꿔 보세요.

컴퓨터 компью́тер	
중국 Кита́й	
선생님 преподава́тель	
자동차 маши́на	
가족 семья́	
창문 окно́	
과제 зада́ние	
시간 вре́мя	

2 다음 주어진 보기를 활용하여 한국어 뜻을 보고 러시아어로 문장을 써 보세요.

> **보기**
> 중심 центр 시 стихи́ 장난감 игру́шка 역 ста́нция 그림 карти́на

여기는 시내이다. (도시의 중심이다.)

이것은 푸시킨의 시이다.   ★ 알렉산드르 푸시킨 Алекса́ндр Пу́шкин 1799-1837 (러시아의 작가)

친구의 가방은 어디에 있니?

이것은 아들의 장난감들이에요.

무슨 지하철 역이에요?

이건 레핀의 그림이에요.   ★ 일리야 레핀 Илья́ Ре́пин 1844-1930 (러시아의 화가)

3 한국어 뜻을 보고 러시아어로 대화를 완성해 보세요.

A: 너 어제 이반한테 전화했니? ★ 이반 Ива́н

A: _____

B: 아니, 나는 그의 전화 번호를 몰라. ★ 번호 но́мер

B: _____

A: 신발 가게는 어디에 있나요? ★ 신발 о́бувь

A: _____

B: 시내에 있어요.

B: Э́то нахо́дится _____

A: 학생들은 무엇을 공부합니까?

A: _____

B: 그들은 러시아 역사를 공부합니다.

B: _____

A: 이건 누구의 코트인가요? ★ 코트 пальто́

A: _____

B: 할머니의 코트예요.

B: _____

정답

1 компью́тера / Кита́я / преподава́теля / маши́ны / семьи́ / окна́ / зада́ния / вре́мени

2 Здесь центр го́рода. / Э́то стихи́ Пу́шкина. / Где су́мка дру́га? / Э́то игру́шки сы́на. / Кака́я ста́нция метро́? / Э́то карти́на Ре́пина.

3 Вчера́ ты звони́л(а) Ива́ну? / Нет, я не зна́ю его́ но́мер телефо́на. / Где магази́н о́буви? / в це́нтре го́рода. / Что студе́нты изуча́ют? / Они́ изуча́ют исто́рию Росси́и. / Чьё э́то пальто́? / Э́то пальто́ ба́бушки.

День 49 — 나에게는 오빠가 없다.

5단계 Дата:

오늘은 부정 생격 구문을 학습하겠습니다.

1. 오늘의 도전 문장

오늘의 도전 문장을 듣고 따라해 보세요.

너 오빠 있니?	У тебя́ есть брат?
아니, 나에게는 오빠가 없어.	Нет, у меня́ нет бра́та.

Заметки
강의를 듣고 메모해 보세요.

2. 오늘의 학습 내용

소유 구문에서는 소유하는 주체를 전치사 y와 함께 생격으로 쓰고 소유하는 대상을 주격으로 씁니다. 이때 '있다'라는 의미는 동사 есть로 쓰는데 이 동사는 형태가 변하지 않고 항상 동일하며 생략하기도 합니다.

전치사 y + 생격(소유하는 주체) + (есть) + 주격(소유하는 대상)

소유 구문

소유하는 주체	y + 생격
소유하는 대상	주격

예문

너 시간 있니?	У тебя́ есть вре́мя?
응, 나 시간 있어.	Да, у меня́ есть вре́мя.
나는 질문이 있어요.	У меня́ есть вопро́с.
나에게 좋은 생각이 있어요!	У меня́ есть хоро́шая иде́я!
당신은 언니가 있나요?	У вас есть ста́ршая сестра́?
너 사전 있니?	У тебя́ есть слова́рь?

이번 시간에는 '없다'라는 뜻을 나타내는 부정 소유 구문을 알아보겠습니다. 부정 소유 구문 역시 소유하는 주체는 전치사 y와 함께 생격으로 씁니다. 그런데 소유하지 않는 대상 또한 생격으로 쓰는 것이 소유 구문과의 차이점입니다. '없다'라는 의미는 нет(현재 시제)으로 표현하는데 이 술어 역시 형태가 변하지 않고 항상 동일합니다.

강의를 듣고 메모해 보세요.

전치사 y + 생격(소유하는 주체) + нет(현재) + 생격(소유하지 않는 대상)	
부정 소유 구문	
소유하는 주체	y + 생격
소유하지 않는 대상	생격

나는 질문이 없어요.	У меня́ нет вопро́са.
나는 사전이 없어요.	У меня́ нет словаря́.
나는 시간이 없다.	У меня́ нет вре́мени.
그는 교과서가 없다.	У него́ нет уче́бника.
나는 일이 없어요.	У меня́ нет рабо́ты.
당신은 티켓이 있으세요?	У вас есть биле́т?
아니요, 저는 티켓이 없어요.	Нет, у меня́ нет биле́та.

Упражнения 연습 문제

1 다음 주어진 문장을 보고 부정 소유 구문으로 바꿔 보세요.

У меня́ есть каранда́ш.

У неё есть вопро́с.

У тебя́ есть сестра́?

У нас есть собра́ние.

2 다음 주어진 보기를 활용하여 한국어 뜻을 보고 러시아어로 문장을 써 보세요.

> **보기**
> 시험 экза́мен   갈등 конфли́кт

우리는 오늘 시험이 없다.

_____

우리는 갈등이 없어요.

_____

그는 아내가 없어요.

_____

그녀는 자동차가 없습니다.

_____

너는 펜 없니?

_____

나는 아들이 없다.

_____

3 한국어 뜻을 보고 러시아어로 대화를 완성해 보세요.

A: 너 오늘 수업 있니?   ★ 수업 заня́тие

A: _____

B: 아니, 수업 없어.

B: _____

A: 당신은 책이 있으신가요?

A: _____

B: 아니요, 없어요.

B: _____

A: 그는 여자 친구가 있나요? ★ 여자 친구 де́вушка

A: _____

B: 아니요, 없어요.

B: _____

A: 너 사전 있니?

A: _____

B: 아니, 없어.

B: _____

4 다음 주어진 문장을 문법에 맞게 부정 소유 구문으로 바꿔 보세요.

У его́ нет тетра́дь.
_____

У меня́ нет кни́га.
_____

У вас нет телефо́н?
_____

У Ви́ктор нет компью́тер?
_____

정답

1 У меня́ нет карандаша́. / У неё нет вопро́са. / У тебя́ нет сестры́? / У нас нет собра́ния.

2 Сего́дня у нас нет экза́мена. / У нас нет конфли́кта. / У него́ нет жены́. / У неё нет маши́ны. / У тебя́ нет ру́чки? / У меня́ нет сы́на.

3 Сего́дня у тебя́ есть заня́тие? / Нет, у меня́ нет заня́тия. / У вас есть кни́га? / Нет, у меня́ нет кни́ги. / У него́ есть де́вушка? / Нет, у него́ нет де́вушки. / У тебя́ есть слова́рь? / Нет, у меня́ нет словаря́.

4 У него́ нет тетра́ди. / У меня́ нет кни́ги. / У вас нет телефо́на? / У Ви́ктора нет компью́тера?

 저는 러시아에서 왔어요.

5단계 Дата:

오늘은 생격을 활용한 국적 표현을 학습하겠습니다.

1. 오늘의 도전 문장

오늘의 도전 문장을 듣고 따라해 보세요.

| 당신은 어디에서 오셨어요? | Откуда вы? |
| 저는 러시아에서 왔어요. | Я из России. |

강의를 듣고 메모해 보세요.

2. 오늘의 학습 내용

앞에서 우리는 명사를 이용하여 국적 표현하기를 배웠습니다. 오늘은 전치사와 생격을 활용하여 국적을 표현해 보겠습니다. 먼저 출신 국가를 물을 때는 의문사 откуда를 씁니다. откуда는 '어디서부터, 어디로부터'라는 뜻을 갖고 있으며 출신지를 물을 때 동사는 생략해서 사용할 수 있습니다.

| 어디로부터 | **откуда** |

예문

| 당신은 어디에서 오셨어요? | Откуда вы? |

'~에서 왔다'라고 말할 때는 전치사 из와 함께 국가나 도시명을 생격으로 씁니다. '~(으)로부터'라는 뜻의 전치사 из, с는 생격과 함께 쓰는데 목적지를 표현할 때 в를 썼던 명사는 из와, на를 썼던 명사는 с와 함께 씁니다. 도시, 국가는 전치사 в와 함께 쓰기 때문에 출신지를 나타내는 '~(으)로부터'라는 표현은 전치사 из만 사용합니다.

예시

러시아에서	из России
모스크바에서	из Москвы
한국에서	из Кореи
서울에서	из Сеула
독일에서	из Германии
프랑스에서	из Франции
일본에서	из Японии

이때 동사는 '도착하다'라는 뜻의 приéхать 과거형인 приéхал, приéхала, приéхали 형태로 쓰는데 회화에서는 동사를 생략한 채 주어와 'из+국가 / 도시(생격)'으로 말하기도 합니다.

강의를 듣고 메모해 보세요.

예문

저는 러시아에서 왔어요.	Я из Росси́и.
저는 모스크바에서 왔어요.	Я из Москвы́.
저는 한국에서 왔어요.	Я из Коре́и.
그녀는 서울에서 왔어요.	Она́ из Сеу́ла.
그는 독일에서 왔어요.	Он из Герма́нии.
우리는 프랑스에서 왔어요.	Мы из Фра́нции.
그들은 일본에서 왔어요.	Они́ из Япо́нии.

Упражнения 연습 문제

1 다음 주어진 단어에 전치사 из를 넣어 생격으로 바꿔 보세요.

이스라엘 Изра́иль	
부산 Пуса́н	
스페인 Испа́ния	
런던 Ло́ндон	
블라디보스토크 Владивосто́к	
유럽 Евро́па	
파리 Пари́ж	

2 다음 주어진 보기를 활용하여 한국어 뜻을 보고 러시아어로 문장을 써 보세요.

> 보기
> 베를린 Берли́н   아시아 А́зия   로마 Рим   바르샤바 Варша́ва

그는 베를린에서 왔어요.

День 50 | 2

학생들은 아시아에서 왔어요.

안톤은 상트페테르부르크에서 왔어요.

내 친구(여)는 로마에서 왔어요.

이 운동선수는 바르샤바에서 왔어요. (남)

그녀는 중국에서 왔어요.

3 한국어 뜻을 보고 러시아어로 대화를 완성해 보세요.

A: 당신은 러시아에서 오셨나요?

A:

B: 아니요, 프랑스에서 왔어요.

B:

A: 너는 한국에서 왔니?

A:

B: 응, 서울에서 왔어.

B:

A: 그들은 어디에서 왔나요?

A:

B: 그들은 이탈리아에서 왔어요.   ★ 이탈리아 Итáлия

B:

A: 너희는 유럽에서 왔니?

A: _____

B: 네, 우리는 독일에서 왔어요.

B: _____

4 보기를 보고 주어진 문장을 바꿔 보세요.

> **보기**
> Я коре́янка. → Я из Коре́и.

Он япо́нец.

_____

А́нна москви́чка.

_____

Анто́н англича́нин.

_____

정답

1 из Изра́иля. / из Пуса́на. / из Испа́нии. / из Ло́ндона. / из Владивосто́ка. / из Евро́пы. / из Пари́жа.

2 Он из Берли́на. / Студе́нты из А́зии. / Анто́н из Санкт-Петербу́рга. / Моя́ подру́га из Ри́ма. / Э́тот спортсме́н из Варша́вы. / Она́ из Кита́я.

3 Вы из Росси́и? / Нет, я из Фра́нции. / Ты из Коре́и? / Да, я из Сеу́ла. / Отку́да они́? / Они́ из Ита́лии. / Вы из Евро́пы? / Да, мы из Герма́нии.

4 Он из Япо́нии. / А́нна из Москвы́. / Анто́н из А́нглии.

День 51 나는 너를 이해한다.

MP3-51

6단계 Дата:

학습 목표: 오늘은 활동체 명사의 대격을 학습하겠습니다.

1 오늘의 도전 문장

오늘의 도전 문장을 듣고 따라해 보세요.

| 나는 너를 이해한다. | Я понима́ю тебя́. |
| 너는 아빠를 이해하니? | Ты понима́ешь па́пу? |

Заметки — 강의를 듣고 메모해 보세요.

2 오늘의 학습 내용

앞에서 배운 명사의 대격을 기억하시나요? 대격은 주로 목적어를 표현할 때 사용하여 '~을(를)'로 해석되는 경우가 많습니다. 여성 명사(단수)의 경우 살아 있는 명사와 살아 있지 않은 명사를 따로 나누지 않지만 남성 명사는 살아 있는 명사(활동체)와 살아 있지 않은 명사(비활동체)로 나눕니다. 이번 시간에는 활동체 명사의 대격 어미를 알아보겠습니다.

여성 명사는 앞에서 배운 것처럼 а로 끝나는 명사는 а를 지우고 у를 쓰고, я로 끝나는 명사는 я를 지우고 ю를 씁니다. ь으로 끝나는 명사는 ь를 그대로 씁니다.

여성		
-а → у	-я → ю	-ь → ь
엄마	이모	딸
ма́ма → ма́му	тётя → тётю	дочь → дочь

남성 명사 중 활동체 명사는 앞에서 배운 생격과 어미가 같습니다. 자음으로 끝나는 명사는 단어의 끝에 а를 붙이고 й, ь로 끝나는 명사는 각각 й, ь를 지우고 я를 붙입니다.

남성		
-자음 + а	-й → я	-ь → я
대학생	주인공	선생님
студе́нт → студе́нта	геро́й → геро́я	учи́тель → учи́теля

★ 남성 명사 중 па́па나 дя́дя처럼 а, я로 끝나는 활동체 명사의 대격은 각각 여성 명사의 대격처럼 у, ю로 바꾸어야 합니다.

중성 명사 또한 마찬가지로 살아 있는 명사와 살아 있지 않은 명사로 나누는데, 활동체 명사는 생격과 어미가 같습니다. 중성의 경우 대체적으로 살아 있지 않은 비활동체 명사이기 때문에 활동체 명사 중 대표적인 단어 정도만 기억하면 됩니다. 예시를 통해 알아보겠습니다.

강의를 듣고 메모해 보세요.

★ 얼굴이라는 뜻의 лицо́는 활동체 명사일 경우 인물, 사람이라는 뜻으로 해석할 수 있습니다.

중성

-о → а

인물 лицо́ → лица́

'이해하다'라는 뜻을 가진 동사 понима́ть 기억하시나요? 대격과 함께 쓰는 동사인데요. 현재, 과거 변화형을 다시 한 번 떠올려 봅시다.

понима́ть 이해하다

я	понима́ю	мы	понима́ем
ты	понима́ешь	вы	понима́ете
он / она́	понима́ет	они́	понима́ют

이해하다 понима́ть	남성	여성	중성	복수
	понима́л	понима́ла	понима́ло	понима́ли

예문

그는 선생님을 이해합니다.	Он понима́ет учи́теля.
부모님은 딸을 이해합니다.	Роди́тели понима́ют дочь.
나는 예술을 이해해요.	Я понима́ю иску́сство.

Упражнения 연습 문제

1 활동체 명사와 비활동체 명사에 주의하며 주어진 단어를 대격으로 바꿔 보세요.

어머니 мать	
작가 писа́тель	
남편 муж	
교과서 уче́бник	
마리야(이름) Мари́я	
유모 ня́ня	
아가씨 де́вушка	
가방 су́мка	
할아버지 де́душка	
건물 зда́ние	

2 다음 주어진 보기를 활용하여 한국어 뜻을 보고 러시아어로 문장을 써 보세요.

> **보기**
> 사랑하다 люби́ть 이해하다 понима́ть 손자 внук 손녀 вну́чка

아이들은 아빠를 사랑한다.

너는 친구를(남) 이해하니?

그는 선생님을 이해하나요?

엄마는 아들을 이해하지 못해요.

할머니와 할아버지는 손자와 손녀를 사랑합니다.

3 한국어 뜻을 보고 러시아어로 대화를 완성해 보세요.

A: 당신은 이 주제를 이해하시나요?　　　　　　　　　　　　　　　★ 주제 тéма

A: _____ _____ эту _____ ?

B: 아니요, 이해하지 못해요.

B: _____

A: 너는 이 운동선수를 좋아하니?

A: _____ _____ этого _____ ?

B: 응, 좋아해.

B: _____

A: 독자들은 작가를 좋아합니까?　　　　　　　　　　　　　　★ 독자 читáтель

A: _____

B: 네, 그들은 아주 좋아합니다.

B: _____

A: 당신은 과일을 좋아합니까?　　　　　　　　　　　　　　　★ 과일 фрýкты

A: _____

B: 아니요, 안 좋아해요.

B: _____

정답
1 мать / писáтеля / мýжа / учéбник / Марию / нáню / дéвушку / сýмку / дéдушку / здáние
2 Дéти лю́бят пáпу. / Ты понимáешь дрýга? / Он понимáет учи́теля? / Мáма не понимáет сы́на. / Бáбушка и дéдушка лю́бят внýка и внýчку.
3 Вы понимáете эту тéму? / Нет, я не понимáю её. / Ты лю́бишь этого спортсмéна? / Да, я люблю́ его́. / Читáтели лю́бят писáтеля? / Да, они́ óчень лю́бят его́. / Вы лю́бите фрýкты? / Нет, я не люблю́ их.

День 52 마샤는 하루 종일 이반을 기다렸다.

학습목표 오늘은 새로운 동사를 배우고 활동체 명사의 대격을 정리해 보겠습니다.

1 오늘의 도전 문장

오늘의 도전 문장을 듣고 따라해 보세요.

| 너는 나를 기다렸니? | Ты ждал меня? |
| 마샤는 하루 종일 이반을 기다렸다. | Máша ждалá Ивáна весь день. |

Заметки

강의를 듣고 메모해 보세요.

2 오늘의 학습 내용

오늘은 대격과 함께 쓰는 동사를 알아보겠습니다. 먼저 첫 번째는 '기다리다'라는 뜻의 동사 ждать입니다. -ать로 끝나는 1식 동사인데 현재형 변화가 기존에 배운 규칙과 약간 다르기 때문에 주의해야 합니다.

ждать 기다리다			
я	жду	мы	ждём
ты	ждёшь	вы	ждёте
он / онá	ждёт	они́	ждут

과거형은 규칙대로 -ть를 떼고 주어의 성, 수에 맞게 어미를 붙이면 됩니다.

	남성	여성	중성	복수
기다리다 ждать	ждал	ждалá	ждáло	ждáли

예문

나는 너를 기다린다.	Я жду тебя́.
그는 기차를 기다린다.	Он ждёт пóезд.
너는 나를 기다렸니?	Ты ждал меня́?

★ ждать은 목적어로 대격을 쓰는 동사로 활동체, 비활동체 모두 쓸 수 있습니다.

다음 동사는 '듣다'라는 뜻의 동사 слушать입니다. -ать로 끝나는 1식 동사로 현재형, 과거형 모두 규칙에 맞게 어미를 붙이면 됩니다.

강의를 듣고 메모해 보세요.

слушать 듣다			
я	слушаю	мы	слушаем
ты	слушаешь	вы	слушаете
он / она́	слушает	они́	слушают

	남성	여성	중성	복수
듣다 слушать	слу́шал	слу́шала	слу́шало	слу́шали

나는 당신을 듣습니다.	Я слу́шаю вас.
우리는 음악을 들어요.	Мы слу́шаем му́зыку.

★ Слу́шаю вас. 주어를 생략한 이 표현은 직역하면 '나는 당신을 듣습니다.'이지만 '말씀하세요.'라는 의미로 전화할 때 주로 쓰입니다.

Упражнения 연습 문제

1 다음 주어진 보기를 활용하여 한국어 뜻을 보고 러시아어로 문장을 써 보세요.

> **보기**
> 답(장) ответ   선생님 преподаватель   강연자 лектор

나는 답장을 기다린다.

_____

부모님은 딸을 기다립니다.

_____

학생들은 선생님을 기다렸습니다.

_____

우리는 강연자를 듣습니다.

_____

아들은 아빠를 들어요. (아빠의 말을 들어요.)

_____

2 한국어 뜻을 보고 러시아어로 대화를 완성해 보세요.

A: 여보세요, 말씀하세요. (당신을 듣습니다.)

A: Алло, _____

B: 여보세요, 안녕하세요!

B: Алло, _____

A: 안나는 무엇을 듣고 있나요?

A: _____

B: 그녀는 라디오를 듣고 있어요.   ★ 라디오 ра́дио

B: _____

A: 안나는 친구를 기다렸나요?

A: _____

B: 네, 그녀는 하루 종일 기다렸어요. ★ 하루 종일 весь день

B: _____

A: 안드레이는 무엇을 기다리나요?

A: _____

B: 그는 버스를 기다려요.

B: _____

3 한국어 뜻을 보고 빈칸을 채워 보세요.

그녀는 노래를 들어요.

Она́ слу́шает _____ .

우리는 시인을 기다립니다.

Мы ждём _____ .

남편은 아내를 기다립니다.

Муж ждёт _____ .

정답

1 Я жду отве́т. / Роди́тели ждут дочь. / Студе́нты жда́ли преподава́теля. / Мы слу́шаем ле́ктора. / Сын слу́шает па́пу.
2 Алло́, слу́шаю вас. / Алло́, здра́вствуйте! / Что А́нна слу́шает? / Она́ слу́шает ра́дио. / А́нна ждала́ дру́га? / Да, она́ ждала́ весь день. / Что Андре́й ждёт? / Он ждёт авто́бус.
3 пе́сню / поэ́та / жену́

День 53 나는 매일 피아노를 친다.

6단계 Дата:

학습목표: 오늘은 새로운 동사를 활용하여 문장을 만들어 보겠습니다.

1. 오늘의 도전 문장

오늘의 도전 문장을 듣고 따라해 보세요.

나는 매일 피아노를 친다.	Ка́ждый день я игра́ю на пиани́но.
그는 축구하는 것을 좋아하니?	Он лю́бит игра́ть в футбо́л?

강의를 듣고 메모해 보세요.

2. 오늘의 학습 내용

이번 시간에는 '놀다, 연주하다, 운동 경기를 하다' 등 여러 가지 뜻으로 쓰이는 새로운 동사 игра́ть을 학습하겠습니다. -ать로 끝나는 1식 동사이며 규칙대로 -ть를 떼고 주어에 맞게 동사 변화 어미를 붙이면 됩니다.

игра́ть 놀다, 연주하다, 운동 경기를 하다			
я	игра́ю	мы	игра́ем
ты	игра́ешь	вы	игра́ете
он / она́	игра́ет	они́	игра́ют

	남성	여성	중성	복수
놀다 игра́ть	игра́л	игра́ла	игра́ло	игра́ли

예문

나는 집에서 논다.	Я игра́ю до́ма.
우리는 공원에서 논다.	Мы игра́ем в па́рке.

игра́ть 동사 뒤에 전치사 в와 함께 스포츠 종목을 대격으로 쓰면 '운동 경기를 하다' 라는 의미가 됩니다.

축구	футбо́л
야구	бейсбо́л
농구	баскетбо́л

Заметки

강의를 듣고 메모해 보세요.

배구	волейбо́л
테니스	те́ннис
축구를 하다	игра́ть в футбо́л
야구를 하다	игра́ть в бейсбо́л
농구를 하다	игра́ть в баскетбо́л
배구를 하다	игра́ть в волейбо́л
테니스 치다	игра́ть в те́ннис

예문

그녀는 축구를 한다.	Она́ игра́ет в футбо́л.
그는 테니스를 친다.	Он игра́ет в те́ннис.

игра́ть 동사 뒤에 전치사 на와 함께 악기 이름을 전치격으로 쓰면 '악기를 연주하다'라는 의미가 됩니다.

피아노	пиани́но
기타	гита́ра
바이올린	скри́пка
플루트	фле́йта
첼로	виолонче́ль
피아노를 치다	игра́ть на пиани́но
기타를 치다	игра́ть на гита́ре
바이올린을 켜다	игра́ть на скри́пке
플루트를 연주하다	игра́ть на фле́йте
첼로를 켜다	игра́ть на виолонче́ли

★ пиани́но는 격 변화하지 않는 불변 명사입니다.

예문

엄마는 기타를 칩니다.	Ма́ма игра́ет на гита́ре.
아빠는 첼로를 켭니다.	Па́па игра́ет на виолонче́ли.

Упражнения 연습 문제

1 다음 주어진 보기를 활용하여 한국어 뜻을 보고 러시아어로 문장을 써 보세요.

> **보기**
> 좋아하다 люби́ть 일요일 воскресе́нье 자주 ча́сто

나는 플루트 연주하는 것을 좋아합니다.
___

오빠는 농구하는 것을 좋아하니?
___

내 친구는 배구하는 것을 좋아합니다. (여)
___

부모님은 일요일마다 테니스를 칩니다.
___

예전에 나는 자주 기타를 쳤다.
___

2 한국어 뜻을 보고 러시아어로 대화를 완성해 보세요.

A: 너는 여가 시간에 무엇을 하니?   ★ 여가 시간에 в свобо́дное вре́мя

A: ___

B: 나는 보통 바이올린을 연주해.   ★ 보통 обы́чно

B: ___

A: 안톤은 축구를 좋아하니?

A: ___

B: 응, 아주 좋아해. 그는 토요일마다 축구를 해.

B: ___

A: 너희는 목요일에 테니스를 쳤니?

A: _____

B: 아니, 우리는 야구를 했어.

B: _____

A: 안나, 너 어제 저녁에 뭐 했어?

A: _____

B: 나는 집에서 피아노를 쳤어.

B: _____

3 играть 동사의 시제별 변화 어미를 떠올리며 빈칸을 채워 보세요.

играть 놀다, 연주하다, 운동 경기를 하다	
я	
ты	
он / она́	
мы	
вы	
они́	

	남성	여성	중성	복수
놀다 играть				

정답

1 Я люблю́ игра́ть на фле́йте. / Ста́рший брат лю́бит игра́ть в баскетбо́л? / Моя́ подру́га лю́бит игра́ть в волейбо́л. / Роди́тели игра́ют в те́ннис по воскресе́ньям. / Ра́ньше я ча́сто игра́л(а) на гита́ре.

2 Что ты де́лаешь в свобо́дное вре́мя? / Я обы́чно игра́ю на скри́пке. / Анто́н лю́бит футбо́л? / Да, о́чень лю́бит. Он игра́ет в футбо́л по суббо́там. / Вы игра́ли в те́ннис в четве́рг? / Нет, мы игра́ли в бейсбо́л. / А́нна, что ты де́лала вчера́ ве́чером? / Я игра́ла на пиани́но до́ма.

3 игра́ю, игра́ешь, игра́ет, игра́ем, игра́ете, игра́ют / игра́л, игра́ла, игра́ло, игра́ли

День 54 나에게 전화해!

6단계 Дата:

학습목표: 오늘은 동사의 명령형을 학습하겠습니다.

1. 오늘의 도전 문장

오늘의 도전 문장을 듣고 따라해 보세요.

| 나에게 전화해! | Звони́ мне! |
| 책을 읽으세요! | Чита́йте кни́гу! |

2. 오늘의 학습 내용

이번 시간에는 요청, 지시, 충고 등의 목적으로 사용하는 동사의 명령형에 대해 학습하겠습니다. 명령형은 동사에 따라 й, и, ь의 어미를 갖습니다. 먼저 й로 끝나는 동사들을 살펴보겠습니다. 명령형을 만들기 위해서는 먼저 동사를 3인칭 복수형(они́)으로 바꿔야 합니다. 그다음 어미(-ют, -ут, -ат, -ят)를 떼고 마지막 철자가 모음일 경우 й를 붙입니다. 높임말로 쓸 때는 те를 추가하면 됩니다. 예시를 통해 알아보겠습니다. '하다'라는 뜻의 동사 де́лать를 명령형으로 바꾸려면 먼저 3인칭 복수형 де́лают으로 바꾼 뒤 어미 ют을 뗍니다. 그럼 дела로 마지막 철자가 모음 а이기 때문에 명령형 어미 й를 붙이면 됩니다.

	동사 원형	3인칭 복수형	+й(те)
일하다	рабо́тать	рабо́тают	рабо́тай(те)
놀다	игра́ть	игра́ют	игра́й(те)
공부하다	занима́ться	занима́ются	занима́йся(тесь)

예문

| 집에서 일하세요! | Рабо́тайте до́ма! |
| 집에서 놀지 마! | Не игра́й до́ма! |

Заметки

강의를 듣고 메모해 보세요.

★ -ся로 끝나는 동사를 명령형으로 바꾸면 어미는 -йся, -йтесь가 됩니다.

다음은 명령형 어미가 и인 동사를 알아보겠습니다. 역시 먼저 동사를 3인칭 복수형으로 바꿉니다. 이후 어미(-ют, -ут, -ат, -ят)를 뗀 뒤 마지막 철자를 확인하여 자음인 경우 다시 동사를 1인칭 단수형으로 바꾸어 강세의 위치를 확인합니다. 동사의 1인칭 단수형에서 강세가 어미에 있으면 명령형 어미 и(те)를 붙입니다. 예시로 '전화하다' 동사 звонить를 명령형으로 바꿔 보겠습니다. 먼저 3인칭 복수형 звонят으로 바꾼 뒤 어미 ят을 떼고 마지막 철자가 자음인 것을 확인합니다. 다시 1인칭 단수형 звоню로 바꾸고 강세가 어미에 있는 것을 확인했으면 명령형 어미 и(те)를 붙입니다.

강의를 듣고 메모해 보세요.

동사 원형		3인칭 복수형	1인칭 단수형	+и(те)
보다	смотре́ть	смо́трят	смотрю́	смотри́(те)
말하다	говори́ть	говоря́т	говорю́	говори́(те)

TV 보지 마!	Не смотри́ телеви́зор!
크게 말해 주세요!	Говори́те гро́мче!

★ -ся로 끝나는 동사를 명령형으로 바꾸면 어미는 -ись, -итесь가 됩니다.

마지막으로 명령형 어미가 ь인 동사를 살펴보겠습니다. 어미 и와 마찬가지로 먼저 동사를 3인칭 복수형으로 바꿉니다. 이후 어미(-ют, -ут, -ат, -ят)를 뗀 뒤 마지막 철자를 확인하여 자음인 경우 다시 동사를 1인칭 단수형으로 바꾸어 강세의 위치를 확인합니다. 강세의 위치가 어미가 아닌 어간에 있는 경우 명령형 어미 ь(те)를 붙입니다. 예시로 '준비하다' 동사 гото́вить를 명령형으로 바꿔보겠습니다. 먼저 3인칭 복수형 гото́вят으로 바꾼 뒤 어미 ят을 떼고 마지막 철자가 자음인 것을 확인합니다. 다시 1인칭 단수형 гото́влю로 바꾸고 강세가 어미가 아닌 어간에 있는 것을 확인했으면 명령형 어미 ь(те)를 붙입니다.

동사 원형		3인칭 복수형	1인칭 단수형	+ь(те)
대답하다	отве́тить	отве́тят	отве́чу	отве́ть(те)
일어나다	встать	вста́нут	вста́ну	вста́нь(те)

대답해 주세요!	Отве́тьте, пожа́луйста!

★ -ся로 끝나는 동사를 명령형으로 바꾸면 어미는 -ься, -ьтесь가 됩니다.

Упражнения 연습 문제

1 다음 동사 원형을 보고 명령형으로 바꿔 보세요.

동사 원형	명령형
읽다 читáть	
산책하다 гуля́ть	
기다리다 ждать	
쓰다 писа́ть	
잊다 забы́ть	

2 주어진 보기와 동사를 활용하여 한국어 뜻을 보고 러시아어로 문장을 써 보세요.

> **보기**
> 주의 깊게 внимáтельно   한번 더 ещё раз

주의 깊게 들으세요!　　　　　　　　　　　　　　　★ слу́шать

___

한번 더 반복해 주세요!　　　　　　　　　　　　　★ повтори́ть

___

말씀해 주세요!　　　　　　　　　　　　　　　　★ сказа́ть

___

엄마에게 전화해!　　　　　　　　　　　　　　　★ звони́ть

___

저녁에 놀지 마!　　　　　　　　　　　　　　　★ игра́ть

___

나를 잊지 마!　　　　　　　　　　　　　　　　★ забы́ть

___

3 다음 보기에 있는 동사를 명령형으로 바꾼 뒤 같은 어미끼리 묶어 보세요.

> показа́ть, учи́ться, купи́ть, открыва́ть, идти́,
> помога́ть, закрыва́ть, познако́миться, прове́рить

1. й(те)

2. и(те)

3. ь(те)

정답

1 чита́й(те) / гуля́й(те) / жди(те) / пиши́(те) / забу́дь(те)

2 Внима́тельно слу́шайте! / Повтори́те ещё раз! / Скажи́те, пожа́луйста! / Звони́ ма́ме! / Не игра́й ве́чером! / Не забу́дь меня́!

3 1. открыва́й(те), помога́й(те), закрыва́й(те) 2. покажи́(те), учи́сь(тесь), купи́(те), иди́(те) 3. познако́мься(тесь), прове́рь(те)

День 55  우리는 내일 발레를 볼 거예요.

6단계 Дата:

학습목표 오늘은 동사의 미래 시제를 학습하겠습니다.

1 오늘의 도전 문장

오늘의 도전 문장을 듣고 따라해 보세요.

너희는 내일 뭐 할 거니?	Что вы бу́дете де́лать за́втра?
우리는 내일 발레를 볼 거예요.	За́втра мы бу́дем смотре́ть бале́т.

 **Заметки**

강의를 듣고 메모해 보세요.

2 오늘의 학습 내용

그동안 우리는 러시아어 현재, 과거 시제를 배웠는데요. 오늘은 마지막 미래 시제를 학습하겠습니다. 미래 시제는 현재 시제처럼 주어의 인칭에 따라 어미를 바꿔야 합니다. '~(이)다, ~에 있다'라는 뜻의 **быть** 동사와 동사 원형을 함께 써서 미래 시제를 나타냅니다. '~일 것이다, ~에 있을 것이다'라는 뜻으로 **быть** 동사를 단독으로 쓸 수도 있습니다. 먼저 **быть** 동사의 어미 변화를 알아봅시다.

быть ~일 것이다, ~에 있을 것이다(미래)			
я	бу́ду	мы	бу́дем
ты	бу́дешь	вы	бу́дете
он / она́	бу́дет	они́	бу́дут

예문

나는 집에 있을 것이다.	Я бу́ду до́ма.
저녁에 너는 집에 있을 거니?	Ве́чером ты бу́дешь до́ма?
내일 시험이 있을 것이다.	За́втра бу́дет экза́мен.
목요일에 시험이 있을 것이다.	В четве́рг бу́дет экза́мен.

미래 시제: быть 인칭 변화 + 동사 원형	
나는 토요일에 일할 것이다.	Я бу́ду рабо́тать в суббо́ту.
너는 내일 뭐 할 거니?	Что ты бу́дешь де́лать за́втра?
안나는 발레를 볼 거예요.	А́нна бу́дет смотре́ть бале́т.
우리는 농구를 할 것이다.	Мы бу́дем игра́ть в баскетбо́л.
당신은 공원에서 산책하실 거예요?	Вы бу́дете гуля́ть в па́рке?
그들은 기타를 칠 것이다.	Они́ бу́дут игра́ть на гита́ре.

강의를 듣고 메모해 보세요.

Упражнения 연습 문제

1 보기를 참고하여 주어진 문장을 미래 시제 문장으로 바꿔 보세요.

> **보기**
> Я рабо́тал в Росси́и. → Я бу́ду рабо́тать в Росси́и.

1. А́нна слу́шала ра́дио.

2. Мы изуча́ли исто́рию Коре́и.

3. Вы живёте в Москве́?

4. Что ты де́лаешь?

5. Де́ти игра́ли до́ма.

2 주어진 보기 단어를 활용하여 한국어 뜻을 보고 러시아어로 문장을 써 보세요.

> **보기**
> 오늘 сего́дня   문학 литерату́ра   신문 газе́та   회의 собра́ние

오늘 우리는 문학을 공부할 거예요.

빅토르, 너 일요일에 뭐 할 거야?

아이들은 테니스를 칠 거예요.

아빠는 신문을 읽을 거예요.

나는 여기에서 마샤를 기다릴 거예요.

저녁에 회의가 있을 것이다.

3 한국어 뜻을 보고 러시아어로 대화를 완성해 보세요.

A: 너 집에 있을 거니?

A: _____

B: 아니, 공원에서 산책할 거야. ★ 산책하다 гуля́ть

B: _____

A: 그들은 내일 극장에서 연극을 보나요?

A: _____

B: 아니요, 오페라를 들을 거예요.

B: _____

A: 세르게이, 너 오늘 할머니한테 전화했니?

A: _____

B: 아니, 내일 전화할 거야.

B: _____

A: 내일 저녁에 영화 볼래?

A: _____

B: 미안해, 곧 시험이 있어. 내일 저녁에 도서관에서 공부할 거야. ★ 곧 ско́ро

B: _____

A: 콘서트는 언제 있나요?

A: _____

B: 금요일 저녁에 있어요.

B: _____

정답

1 А́нна бу́дет слу́шать ра́дио. / Мы бу́дем изуча́ть исто́рию Коре́и. / Вы бу́дете жить в Москве́? / Что ты бу́дешь де́лать? / Де́ти бу́дут игра́ть до́ма.

2 Сего́дня мы бу́дем изуча́ть литерату́ру. / Ви́ктор, что ты бу́дешь де́лать в воскресе́нье? / Де́ти бу́дут игра́ть в те́ннис. / Па́па бу́дет чита́ть газе́ту. / Я бу́ду ждать Ма́шу здесь. / Ве́чером бу́дет собра́ние.

3 Ты бу́дешь до́ма? / Нет, я бу́ду гуля́ть в па́рке. / За́втра они́ бу́дут смотре́ть спекта́кль в теа́тре? / Нет, они́ бу́дут слу́шать о́перу. / Серге́й, ты сего́дня звони́л ба́бушке? / Нет, бу́ду звони́ть за́втра. / За́втра ве́чером бу́дем смотре́ть фильм? / Извини́, ско́ро бу́дет экза́мен. За́втра ве́чером я бу́ду занима́ться в библиоте́ке. / Когда́ бу́дет конце́рт? / В пя́тницу ве́чером бу́дет.

День 56 나는 그와 함께 있다.

6단계   Дата:

학습목표: 오늘은 인칭 대명사의 조격을 학습하겠습니다.

1. 오늘의 도전 문장

오늘의 도전 문장을 듣고 따라해 보세요.

| 나는 그와 함께 있다. | Я с ним. |
| 어제 나는 그와 함께 있었다. | Вчера́ я была́ с ним. |

Заметки
강의를 듣고 메모해 보세요.

2. 오늘의 학습 내용

오늘은 다섯 번째 격이며 방법, 수단, 동반의 의미를 나타내는 조격을 학습하겠습니다. 그중 '~와(과) 함께' 즉, 동반의 의미는 전치사 с와 함께 명사를 조격으로 쓰는데요. 먼저 인칭 대명사의 조격을 알아보겠습니다.

	주격	조격
나	я	мной
너	ты	тобо́й
그 / 그녀	он / она́	им / ей
우리	мы	на́ми
너희 / 당신	вы	ва́ми
그들	они́	и́ми

예문

나와 함께	со мной
그와 함께	с ним
나는 너와 함께 있다.	Я с тобо́й.
우리는 그와 함께 있다.	Мы с ним.

★ '나와 함께'를 뜻하는 со мной는 발음상의 편의를 위해 전치사 с가 아니라 со를 씁니다.

★ 모음으로 시작하는 3인칭의 경우 자음 н을 추가하여 발음합니다.

'누구'를 뜻하는 의문사 кто의 조격은 кем입니다. 의문문을 만들 때는 전치사 с와 함께 의문사 кто를 조격으로 바꾸어 с кем으로 씁니다.

Заметки

강의를 듣고 메모해 보세요.

의문사 '누구'

кто (주격)	кем (조격)
너는 누구랑 있었니? (여)	С кем ты былá?
나는 그와 함께 있었어요. (여)	Я былá с ним.
너는 누구와 함께 일해?	С кем ты рабóтаешь?
나는 그들과 함께 일해요.	Я рабóтаю с ни́ми.
그녀는 누구와 함께 테니스를 치나요?	С кем онá игрáет в тéннис?
그녀는 그와 함께 테니스를 쳐요.	Онá игрáет в тéннис с ним.
당신은 누구와 함께 극장에 다녀왔나요?	С кем вы ходи́ли в теáтр?
나는 그녀와 함께 극장에 다녀왔어요. (남)	Я ходи́л в теáтр с ней.

Упражнения 연습 문제

1 한국어 뜻을 보고 러시아어로 문장을 써 보세요.

너는 나와 함께 있다.

_____

그녀는 우리와 함께 있다.

_____

우리는 그들과 함께 있다.

_____

그는 누구와 함께 모스크바에 살았나요?

_____

빅토르는 그들과 함께 극장에 다녀왔다.

_____

나는 당신과 함께 영화를 볼 거예요.

_____

2 한국어 뜻을 보고 러시아어로 대화를 완성해 보세요.

A: 나는 어제 박물관에 다녀왔어.

A: _____

B: 누구랑 다녀왔니?

B: _____

A: 안톤, 너는 누구와 함께 일해?

A: _____

B: 나는 그녀와 함께 일하고 있어.

B: _____

A: 마리아는 누구와 함께 대학교에 있었나요?

A: _____

B: 그녀는 우리와 함께 있었어요.

B: _____

A: 토요일에 언니는 무엇을 했니?

A: _____

B: 그녀는 나와 함께 테니스를 쳤어요.

B: _____

A: 안나는 어제 너와 함께 있었니?

A: _____

B: 응, 우리는 집에서 TV를 봤어.

B: _____

3 인칭 대명사의 주격을 보고 알맞은 조격 형태를 찾아 연결해 보세요.

я	•	•	тобой
она́	•	•	им
он	•	•	ей
мы	•	•	мной
вы	•	•	ва́ми
они́	•	•	и́ми
ты	•	•	на́ми

정답

1 Ты со мной. / Она́ с на́ми. / Мы с ни́ми. / С кем он жил в Москве́? / Ви́ктор ходи́л в теа́тр с ни́ми. / Я бу́ду смотре́ть фильм с ва́ми.

2 Вчера́ я ходи́л(а) в музе́й. / С кем ты ходи́л(а) в музе́й? / Анто́н, с кем ты рабо́таешь? / Я рабо́таю с ней. / С кем Мари́я была́ в университе́те? / Она́ была́ с на́ми. / Что де́лала ста́ршая сестра́ в суббо́ту? / Она́ игра́ла в те́ннис со мной. / Вчера́ А́нна была́ с тобо́й? / Да, мы смотре́ли телеви́зор до́ма.

3 я – мной / она́ – ей / он – им / мы – на́ми / вы – ва́ми / они́ – и́ми / ты – тобо́й

День 57

그는 연필로 일기를 씁니다.

6단계 Дата:

오늘은 러시아어 명사의 조격을 학습하겠습니다.

1. 오늘의 도전 문장

오늘의 도전 문장을 듣고 따라해 보세요.

그는 연필로 일기를 씁니다.	Он пи́шет дневни́к карандашо́м.
그는 수학을 공부합니다.	Он занима́ется матема́тикой.

Заметки

강의를 듣고 메모해 보세요.

2. 오늘의 학습 내용

이번에는 명사의 조격을 배우겠습니다. 먼저 남성부터 알아보겠습니다. 남성 명사 중 자음으로 끝나는 명사는 단어의 끝에 ом을 붙여 주고, й, ь로 끝나는 명사는 각각 й, ь를 지우고 ем을 붙입니다. 예문를 통해 알아보겠습니다.

남성		
-자음 + ом	-й → ем	-ь → ем
칼	주인공	선생님
нож → ножо́м	геро́й → геро́ем	учи́тель → учи́телем

여성은 а로 끝나는 명사는 а를 지우고 ой를 붙이고, я로 끝나는 명사는 я를 지우고 ей를 붙입니다. ь로 끝나는 명사는 ь를 지우고 ью를 붙입니다.

여성		
-а → ой	-я → ей	-ь → ью
펜	이모	광장
ру́чка → ру́чкой	тётя → тётей	пло́щадь → пло́щадью

중성은 o로 끝나는 명사는 o를 지우고 ом을, e로 끝나는 명사는 e를 지우고 ем을 붙입니다. мя로 끝나는 명사는 мя를 지우고 менем을 붙입니다.

중성

-o → ом	-e → ем	-мя → менем
하늘	바다	이름
нéбо → нéбом	мóре → мóрем	и́мя → и́менем

이번에는 조격과 함께 쓰는 동사들을 배우겠습니다. 먼저 '쓰다'라는 뜻의 писáть 동사가 있습니다. -ать로 끝나는 1식 동사로 -ть를 떼고 인칭에 맞게 어미를 붙이면 되는데, 기존에 배운 1식 동사와 달리 자음도 변화하기 때문에 현재 시제를 특히 주의해서 기억해야 합니다.

писáть 쓰다

я	пишу́	мы	пи́шем
ты	пи́шешь	вы	пи́шете
он / онá	пи́шет	они́	пи́шут

예문

나는 연필로 씁니다.	Я пишу́ карандашóм.
그녀는 펜으로 씁니다.	Онá пи́шет ру́чкой.

★ '펜으로, 숟가락으로' 등 도구를 표현할 때는 전치사 없이 조격으로만 씁니다.

다음 동사는 '~하다, 공부하다' 등의 뜻을 가진 занимáться입니다. -ся가 붙는 1식 동사입니다. 규칙대로 -ть를 떼고 인칭에 맞게 어미를 바꾼 뒤 모음으로 끝나면 -сь를, 자음으로 끝나면 -ся를 붙입니다.

занимáться ~하다, 공부하다

я	занимáюсь	мы	занимáемся
ты	занимáешься	вы	занимáетесь
он / онá	занимáется	они́	занимáются

예문

우리는 운동을 합니다.	Мы занимáемся спóртом.
그들은 문학을 공부합니다.	Они́ занимáются литерату́рой.

Упражнения 연습 문제

1 다음 명사를 조격으로 바꿔 보세요.

포크 вилка	
역사 история	
수영 плавание	
비즈니스 бизнес	
사랑 любовь	
체조 гимнастика	
발레 балет	
하키 хоккей	

2 다음 주어진 보기를 활용하여 한국어 뜻을 보고 러시아어로 문장을 써 보세요.

> **보기**
> 칠판 доска 분필 мел 화학 химия 신청서 заявление

선생님은 칠판에 분필로 씁니다.

_____

학생들은 연필로 편지를 씁니다.

_____

우리는 화학을 공부합니다.

_____

그들은 음악을 공부합니다.

_____

나는 펜으로 신청서를 썼습니다.

_____

3 한국어 뜻을 보고 러시아어로 대화를 완성해 보세요.

A: 당신은 운동을 하시나요?

A: _____

B: 네, 저는 요가를 해요.   ★ 요가 йóга

B: _____

A: 안톤은 소설을 연필로 썼나요?

A: _____

B: 아니요, 펜으로 썼어요.

B: _____

A: 너는 축구를 하니?

A: _____

B: 아니, 나는 발레를 해.

B: _____

A: 학생들은 문학을 공부하나요?

A: _____

B: 네, 그들은 문학을 공부해요.

B: _____

정답
1. ви́лкой / исто́рией / пла́ванием / би́знесом / любо́вью / гимна́стикой / бале́том / хокке́ем
2. Учи́тель пи́шет ме́лом на доске́. / Студе́нты пи́шут пи́сьма карандашо́м. / Мы занима́емся хи́мией. / Они́ занима́ются му́зыкой. / Я писа́л(а) заявле́ние ру́чкой.
3. Вы занима́етесь спо́ртом? / Да, я занима́юсь йо́гой. / Анто́н писа́л рома́н карандашо́м? / Нет, он писа́л ру́чкой. / Ты занима́ешься футбо́лом? / Нет, я занима́юсь бале́том. / Студе́нты занима́ются литерату́рой? / Да, они́ занима́ются литерату́рой.

День 58 나는 변호사로 일해.

6단계 Дата:

오늘은 러시아어 명사의 조격의 복수형을 배우고 조격의 또 다른 용법을 학습하겠습니다.

1. 오늘의 도전 문장

오늘의 도전 문장을 듣고 따라해 보세요.

| 나는 변호사로 일해. | Я рабо́таю адвока́том. |
| 그들은 선생님으로 일합니다. | Они́ рабо́тают учителя́ми. |

2. 오늘의 학습 내용

이번에는 명사의 조격 복수형을 배우겠습니다. 먼저 남성부터 알아보겠습니다. 남성 명사 중 자음으로 끝나는 명사는 단어의 끝에 ами를 붙이고, й, ь로 끝나는 명사는 각각 й, ь를 지우고 ями를 붙입니다. 예시를 통해 알아보겠습니다.

남성

-자음 + ами	-й → ями	-ь → ями
칼	주인공	선생님
нож → ножа́ми	геро́й → геро́ями	учи́тель → учителя́ми

여성은 a로 끝나는 명사는 a를 지우고 ами를 붙이고, я와 ь로 끝나는 명사는 각각 я와 ь를 지우고 ями를 붙입니다.

여성

-a → ами	-я → ями	-ь → ями
펜	기사	광장
ру́чка → ру́чками	статья́ → статья́ми	пло́щадь → площадя́ми

Заметки

강의를 듣고 메모해 보세요.

중성은 о로 끝나는 명사는 о를 지우고 ами를, е로 끝나는 명사는 е를 지우고 ями를 붙입니다. мя로 끝나는 명사는 мя를 지우고 менами를 붙입니다.

중성		
-о → ами	-е → ями	-мя → менами
반지 кольцо́ → ко́льцами	바다 мо́ре → моря́ми	이름 и́мя → имена́ми

이번에는 조격을 활용해서 직업, 신분을 표현해 보겠습니다. 앞에서 배운 '일하다' 동사 рабо́тать 기억하시나요? 이 동사를 주어, 시제에 맞게 어미를 바꾸어 쓴 뒤 직업이나 신분을 나타내는 명사를 조격으로 쓰면 됩니다. 먼저 рабо́тать 동사를 떠올려 봅시다.

рабо́тать 일하다			
я	рабо́таю	мы	рабо́таем
ты	рабо́таешь	вы	рабо́таете
он / она́	рабо́тает	они́	рабо́тают

	남성	여성	중성	복수
일하다	рабо́тал	рабо́тала	рабо́тало	рабо́тали

рабо́тать + 조격(직업을 나타내는 명사)

나는 선생님으로 일한다.	Я рабо́таю преподава́телем.
아빠는 기자로 일했습니다.	Па́па рабо́тал журнали́стом.
엄마는 의사로 일합니다.	Ма́ма рабо́тает врачо́м.
부모님은 교수로 일합니다.	Роди́тели рабо́тают профессора́ми.
당신의 직업은 무엇입니까?	Кем вы рабо́таете?

★ Кем вы рабо́таете?를 직역하면 '당신은 무엇으로 일하십니까?'가 되며 직업을 물을 때 주로 사용합니다.

Упражнения 연습 문제

1 다음 명사를 조격 복수형으로 바꿔 보세요.

포크 ви́лка	
컵 стака́н	
건물 зда́ние	
박물관 музе́й	
부엌 ку́хня	

2 다음 주어진 보기를 활용하여 한국어 뜻을 보고 러시아어로 문장을 써 보세요.

> **보기**
> 파일럿 пило́т 배우(여) актри́са 프로그래머 программи́ст 건축가 архите́ктор 작곡가 компози́тор 요리사 по́вар

내 친구는 파일럿으로 일합니다. (남)

너희는 배우(여)로 일하니?

우리는 프로그래머로 일합니다.

나의 아내는 건축가로 일했습니다.

오빠는 작곡가로 일합니다.

친구들은 요리사로 일했습니다.

---

3 한국어 뜻을 보고 러시아어로 대화를 완성해 보세요.

A: 당신의 부모님은 의사로 일합니까?

A: _____

B: 아니요, 엄마는 의사이지만 아빠는 화가예요.

B: _____

A: 너는 의사로 일하고 있니?

A: _____

B: 응, 나는 치과 의사로 일해. ★ 치과 의사 стоматолог

B: _____

A: 그녀는 학교에서 일하나요?

A: _____

B: 네, 그녀는 선생님으로 일해요.

B: _____

A: 너의 엄마의 직업은 뭐야?

A: _____

B: 우리 엄마는 기자야 (기자로 일해).

B: _____

정답
1. ви́лками / стака́нами / зда́ниями / музе́ями / ку́хнями
2. Мой друг рабо́тает пило́том. / Вы рабо́таете актри́сами? / Мы рабо́таем программи́стами. / Моя́ жена́ рабо́тала архите́ктором. / Ста́рший брат рабо́тает компози́тором. / Друзья́ рабо́тали повара́ми.
3. Ва́ши роди́тели рабо́тают врача́ми? / Нет, ма́ма рабо́тает врачо́м, а па́па рабо́тает худо́жником. / Ты рабо́таешь врачо́м? / Да, я рабо́таю стомато́логом. / Она́ рабо́тает в шко́ле? / Да, она́ рабо́тает учи́тельницей. / Кем рабо́тает твоя́ ма́ма? / Она́ рабо́тает журнали́сткой.

День 59 그녀는 애플파이를 원해요.

6단계 Дата: . .

오늘은 조격의 또 다른 용법을 학습하겠습니다.

1 오늘의 도전 문장

오늘의 도전 문장을 듣고 따라해 보세요.

| 그녀는 애플파이를 원해요. | Она́ хо́чет пирожки́ с я́блоками. |
| 봄에 우리는 모스크바에 다녀왔다. | Весно́й мы е́здили в Москву́. |

Заметки

강의를 듣고 메모해 보세요.

2 오늘의 학습 내용

앞에서 배운 '낮에', '저녁에' 등의 단어 기억나시나요? '~에'라는 뜻의 시간을 나타내는 하나의 단어로 배웠는데요. 별도의 단어가 아니라 바로 명사를 조격으로 바꾼 형태입니다. 해당하는 명사를 조격으로 바꾸면 시간, 계절을 나타낼 수 있습니다.

	주격	조격
아침	у́тро	у́тром
낮	день	днём
저녁	ве́чер	ве́чером
밤	ночь	но́чью

★ день은 ь로 끝나는 남성 명사인데 조격으로 바꾸면 어미가 ем이 아닌 ём이며 어간에 있는 е가 탈락하여 днём이 됩니다.

	주격	조격
봄	весна́	весно́й
여름	ле́то	ле́том
가을	о́сень	о́сенью
겨울	зима́	зимо́й

예문

| 아침에 우리는 대학교로 갑니다. | У́тром мы идём в университе́т. |
| 겨울에 부모님은 러시아에 다녀왔습니다. | Зимо́й роди́тели е́здили в Росси́ю. |

이번에는 '원하다'라는 뜻을 가진 хотéть 동사를 배우겠습니다. 이 동사는 단수는 1식 동사처럼 복수는 2식 동사처럼 바뀌는 특수 동사이기 때문에 현재형 변화를 특히 주의해서 기억해야 합니다. 전치사 c와 함께 명사를 조격으로 바꾸어 쓰면 '~와(과) 함께, ~이(가) 들어 있는'이라는 뜻을 나타낼 수 있습니다. 이 형태는 음식을 주문할 때 хотéть 동사와 함께 많이 쓰는데요, 먼저 주어에 따른 хотéть 동사 변화를 살펴봅시다.

хотéть 원하다			
я	хочу́	мы	хоти́м
ты	хо́чешь	вы	хоти́те
он / она́	хо́чет	они́	хотя́т

예문

그는 카페 라떼를 원해요.	Он хо́чет ко́фе с молоко́м.
그녀는 초콜릿이 들어간 블린을 원해요.	Она́ хо́чет блин с шокола́дом.
나는 그녀와 함께 일하고 싶어요.	Я хочу́ рабо́тать с ней.

앞에서 배운 быть 동사와 함께 직업을 나타내는 명사를 조격으로 쓰면 '~이(가) 되다'라는 뜻을 표현할 수 있습니다. хотéть 동사와 함께 쓰면 '~이(가) 되고 싶다'를 나타낼 수 있겠죠?

예문

나는 선생님이 되고 싶어요.	Я хочу́ быть преподава́телем.
내 남동생은 의사가 되고 싶어해요.	Мой мла́дший брат хо́чет быть врачо́м.

Упражнения 연습 문제

1 다음 주어진 보기를 활용하여 한국어 뜻을 보고 러시아어로 문장을 써 보세요.

> **보기**
> 선생님 преподава́тельница 생물학자 био́лог 화가 худо́жник 설탕 са́хар

여름에 우리는 바다에 다녀왔어요.
_____

나의 손녀는 선생님이 되고 싶어합니다.
_____

안톤은 마샤와 함께 일하고 싶어합니다.
_____

나의 아들은 생물학자가 되고 싶어합니다.
_____

예전에 나는 화가가 되고 싶었어요. (남)
_____

아빠는 설탕이 들어간 커피를 원해요.
_____

2 한국어 뜻을 보고 러시아어로 대화를 완성해 보세요.

A: 당신은 무엇을 원하시나요?
A: _____

B: 저는 레몬을 곁들인 홍차를 원해요. ★ 홍차 чёрный чай
B: _____

A: 왜 당신은 기자가 되고 싶나요?
A: _____

B: 저는 엄마와 함께 일하고 싶기 때문에 기자가 되고 싶어요. 저희 엄마는 기자예요.
B: _____

A: 너는 가을을 좋아하니?

A:

B: 응, 나는 가을에 공원을 산책하는 것을 좋아해.

B:

A: 너희 어제 뭐 했니?

A:

B: 아침에는 도서관에서 공부했고, 저녁에는 TV를 봤어.   ★ 공부하다 заниматься

B:

3 хотéть 동사의 현재 시제 변화 어미를 떠올리며 빈칸을 채워 보세요.

원하다 хотéть	
я	
ты	
он / онá	
мы	
вы	
они́	

정답

1 Лéтом мы éздили на мóре. / Моя́ внýчка хóчет быть преподавáтельницей. / Антóн хóчет рабóтать с Мáшей. / Мой сын хóчет быть биóлогом. / Рáньше я хотéл быть худóжником. / Пáпа хóчет кóфе с сáхаром.

2 Что вы хоти́те? / Я хочý чёрный чай с лимóном. / Почемý вы хоти́те быть журнали́стом? / Я хочý быть журнали́стом, потомý что хочý рабóтать с мáмой. Онá журнали́стка. / Ты лю́бишь óсень? / Да, я люблю́ гуля́ть по пáрку óсенью. / Что вы дéлали вчерá? / У́тром мы занимáлись в библиотéке, а вéчером смотрéли телеви́зор.

3 хочý / хóчешь / хóчет / хоти́м / хоти́те / хотя́т

День 60 나는 러시아어로 말할 수 있어요.

6단계 Дата:

학습목표: 오늘은 '~할 수 있다'라는 뜻의 동사 мочь를 학습하겠습니다.

1. 오늘의 도전 문장

오늘의 도전 문장을 듣고 따라해 보세요.

너는 러시아어로 말할 수 있니?	Ты мо́жешь говори́ть по-ру́сски?
응, 나는 러시아어로 말할 수 있어.	Да, я могу́ говори́ть по-ру́сски.

2. 오늘의 학습 내용

오늘은 '~할 수 있다, 가능하다'라는 뜻을 가진 мочь 동사를 배우겠습니다. 이 동사 또한 1식 동사인데 그동안 배운 동사의 어미와는 조금 다르게 생겼죠? 현재 시제 변화형에는 일반적인 1식 동사 어미를 갖지만 어간에 있는 ч가 г, ж로 바뀌기 때문에 주의해서 기억해야 합니다.

мочь ~할 수 있다			
я	могу́	мы	мо́жем
ты	мо́жешь	вы	мо́жете
он / она́	мо́жет	они́	мо́гут

과거 시제 변화형 또한 일반적인 동사들과는 조금 다릅니다. 어미 ть를 떼고 주어의 성, 수에 따라 л, ла, ло, ли를 붙였던 것과 달리 각각 мог, могла́, могло́, могли́로 바뀝니다. 남성형을 특히 주의해야 합니다.

	남성	여성	중성	복수
~할 수 있다 мочь	мог	могла́	могло́	могли́

Заметки
강의를 듣고 메모해 보세요.

мочь는 '~할 수 있다'라는 뜻을 갖고 있기 때문에 주로 동사 원형과 함께 사용합니다. 주어와 시제에 맞게 мочь 동사를 바꾼 뒤 원하는 동사를 원형으로 쓰면 문장을 만들 수 있습니다.

강의를 듣고 메모해 보세요.

мочь + 동사 원형	(동사 원형)할 수 있다
나는 러시아어로 말할 수 있습니다.	Я могу́ говори́ть по-ру́сски.
너는 러시아어로 말할 수 있니?	Ты мо́жешь говори́ть по-ру́сски?
그는 영어로 말할 수 있어요.	Он мо́жет говори́ть по-англи́йски.
우리는 거기로 갈 수 있어요.	Мы мо́жем идти́ туда́.
너희는 기타 칠 수 있니?	Вы мо́жете игра́ть на гита́ре?
그들은 여기에서 일할 수 있나요?	Они́ мо́гут рабо́тать здесь?
그는 거기에서 일할 수 있었다.	Он мог рабо́тать там.
그들은 여기에서 살 수 있었다.	Они́ могли́ жить здесь.

Упражнения 연습 문제

1 다음 주어진 보기를 활용하여 한국어 뜻을 보고 러시아어로 문장을 써 보세요.

> **보기**
> 소설 рома́н 읽다 чита́ть 이해하다 поня́ть 문제 зада́ние 질문에 대답하다 отве́тить на вопро́с 잊다 забы́ть

학생들은 소설을 읽을 수 있습니다.
_____

우리는 러시아에서 일할 수 있나요?
_____

나는 이 문제를 이해할 수 없어요.
_____

당신은 질문에 대답해 주실 수 있어요?
_____

아이들은 선생님을 잊을 수 없었어요.
_____

예전에 아빠는 영어로 말할 수 있었어요.
_____

2 한국어 뜻을 보고 러시아어로 대화를 완성해 보세요.

A: 우유는 어디에서 살 수 있나요? ★ 사다 купи́ть

A: _____

B: 저기에서 살 수 있어요.

B: _____

A: 당신의 딸은 피아노를 연주할 수 있나요?

A: _____

B: 네, 그녀는 피아노를 잘 쳐요.

B: _____

День 60 | 3

A: 오페라는 어디에서 들을 수 있나요?

A: _____

B: 극장에서 들을 수 있어요.

B: _____

A: 학생들은 러시아어로 읽을 수 있나요?

A: _____

B: 아니요, 읽을 수 없어요.

B: _____

3 보기를 참고하여 주어진 문장을 '~할 수 있다'의 의미를 가진 문장으로 바꿔 보세요.

> **보기**
> Он рабо́тает. → Он мо́жет рабо́тать.

1. Ты пи́шешь по-коре́йски.
2. Когда́ она́ слу́шала ра́дио?
3. Я игра́ю в те́ннис.
4. Ива́н звони́л учи́телю?
5. Де́ти смотре́ли мультфи́льм.

정답

1 Студе́нты мо́гут чита́ть рома́н. / Мы мо́жем рабо́тать в Росси́и? / Я не могу́ поня́ть э́то зада́ние. / Вы мо́жете отве́тить на вопро́с? / Де́ти не могли́ забы́ть учи́теля. / Ра́ньше па́па мог говори́ть по-англи́йски.

2 Где я могу́ купи́ть молоко́? / Вы мо́жете купи́ть молоко́ там. / Ва́ша дочь мо́жет игра́ть на пиани́но? / Да, она́ хорошо́ игра́ет на пиани́но. / Где я могу́ слу́шать о́перу? / Вы мо́жете слу́шать о́перу в теа́тре. / Студе́нты мо́гут чита́ть по-ру́сски? / Нет, не мо́гут.

3 Ты мо́жешь писа́ть по-коре́йски. / Когда́ она́ могла́ слу́шать ра́дио? / Я могу́ игра́ть в те́ннис. / Ива́н мог звони́ть учи́телю? / Де́ти могли́ смотре́ть мультфи́льм.